Ingrid Schoberth

Religionsunterricht mit Luthers Katechismus

Sekundarstufe I

In Zusammenarbeit mit
Raphaela Trötsch (Mensch)
Martin Brons (Gelebte Religion)
Nadine Lietzke (Reden von Gott)
Ina Kowaltschuk (Ideen zur Meditation)

Vandenhoeck & Ruprecht

RUpraktisch sekundar

Für Hans Günther Ulrich

Bibliografische Information der Deutschen Bibliothek

Die Deutsche Bibliothek verzeichnet diese Publikation in der Deutschen Nationalbibliografie; detaillierte bibliografische Daten sind im Internet über <http://dnb.ddb.de> abrufbar.

ISBN10: 3-525-61021-1
ISBN13: 978-3-525-61021-3

Printed in Germany.
Satz|Lithografie: Weckner media+print GmbH, Göttingen
Druck und Bindung: ⊕Hubert&Co, Göttingen

Gedruckt auf alterungsbeständigem Papier.

Inhalt

Statt eines Vorworts

„Was ist das. – Was – ist das…“ […] „Tony!“, sagte die Konsulin Buddenbrook, „ich glaube, daß mich Gott –“ Und die kleine Antonie, achtjährig und zartgebaut, in einem Kleidchen aus ganz leichter changierender Seide, den hübschen Blondkopf ein wenig vom Gesichte des Großvaters abgewandt, blickte aus ihren graublauen Augen angestrengt nachdenkend und ohne etwas zu sehen ins Zimmer hinein, wiederholte noch einmal: „Was ist das“, sprach darauf langsam: „Ich glaube, daß mich Gott“ fügte, während ihr Gesicht sich aufklärte, rasch hinzu: „geschaffen hat samt allen Kreaturen“, war plötzlich auf glatte Bahn geraten und schnurrte nun, glückstrahlend und unaufhaltsam, den ganzen Artikel daher, getreu nach dem Katechismus, wie er soeben, Anno 1835, unter Genehmigung eines hohen und wohlweisen Senates, neu revidiert herausgegeben war. Wenn man im Gange war, dachte sie, war es ein Gefühl, wie wenn man im Winter auf dem kleinen Handschlitten mit den Brüdern den Jerusalemsberg hinunterfuhr: es vergingen einem geradezu die Gedanken dabei, und man konnte nicht einhalten, wenn man auch wollte.

„Dazu Kleider und Schuhe“, sprach sie, „Essen und Trinken, Haus und Hof, Weib und Kind, Acker und Vieh…“ Bei diesen Worten aber brach der alte Monsieur Johann Buddenbrook einfach in Gelächter aus, in ein helles, verkniffenes Kichern, das er heimlich in Bereitschaft gehalten hatte. Er lachte vor Vergnügen, sich über den Katechismus mokieren zu können, und hatte wahrscheinlich nur zu diesem Zwecke das kleine Examen vorgenommen. Er erkundigte sich nach Tony's Acker und Vieh, fragte, wieviel sie für den Sack Weizen nähme, und erbot sich, Geschäfte mit ihr zu machen. […]

Thomas Mann, Die Buddenbrooks (Anfangsszene)

I. Unterricht in christlicher Religion – Vom Kleinen Katechismus her

Die Idee: Martin Luthers Kleiner Katechismus – für den Religionsunterricht

Der Kleine Katechismus Luthers ist ein Bestandteil der Bekenntnisschriften Lutherischer Kirchen. Er steht auch in ihrem Gesangbuch und zählt damit zu den wichtigen Texten, auf die sich christlicher Glaube bezieht. Er ist grob gegliedert in die Hauptstücke: Die Zehn Gebote, Das Glaubensbekenntnis, Das Vaterunser, Das Sakrament der Heiligen Taufe, Das Heilige Abendmahl; später wurden die Abschnitte „Vom Amt der Schlüssel" und „Von der Beichte" ergänzt.

Der Kleine Katechismus präsentiert eine Zusammenfassung der grundlegenden Inhalte des christlichen Glaubens und er dient dazu, die Themen zu entdecken, die für eine Orientierung im Glauben wesentlich sind. Er ist didaktisch so aufbereitet, dass er denen, die Kinder unterrichten, eine Anleitung gibt, die Inhalte zu durchdringen, die notwendig sind, dass Kinder und Jugendliche christliche Religion kennen lernen und an ihr teilgewinnen können. Seine didaktische Funktion zeigt sich auch in seinem Stil, der die Inhalte in ein Frage- und Antwortraster (Du sollst .../Was ist das?/Wir sollen Gott fürchten und lieben/dass wir ...) fasst. Dieses Raster ist aber nicht bloß auswendig zu lernen – wie es lange missbräuchlich geschehen ist. Vielmehr zeigen sich in dieser besonderen Form die Inhalte christlicher Religion wie ein Lied: rhythmisch wie ein Lied, in Strophen gefügt wie ein Lied, mit Refrains wie ein Lied; dazu gibt es einen zweistimmigen Wechsel zwischen Frage und Antwort.

Der Kleine Katechismus steht aus gutem Grund im Gesangbuch: Wie ein Lied soll er wirken; er soll nicht nur verstanden, sondern in- und auswendig gelernt werden, nicht nur aufgesagt, sondern angeeignet; nicht nur laut werden, sondern klingen, nicht nur starr wiederholt werden, sondern lebendig werden, in dem, der ihn liest. Darum steht der Kleine Katechismus mit gutem Grund im Gesangbuch: Er gehört zum Leben aus dem Glauben, zur Verkündigung wie dem Unterricht.

Damit sind eine Menge Qualitäten genannt – aber zugleich ein scheinbar gewichtiger Grund, ihn von der Schule her mit Vorbehalt zu betrachten: Der Religionsunterricht vertritt die Themen, die Sprache, die Ausdrucksformen der Religion, ohne jedoch zu verkündigen und ohne die Schülerinnen und Schüler für die Kirche und die Gemeinde zu beanspruchen. Dennoch ist der Religionsunterricht herausgefordert, seine Sache mitzuteilen. Er darf den Schülerinnen und Schülern den Zusammenhang von Schule/Religionsunterricht und Kirche nicht vorenthalten: Das Lernen christlicher Religion im Religionsunterricht folgt einem genuinen Lernen des Glaubens, das sich auch im Kleinen Katechismus aufspüren lässt.

Der Kleinen Katechismus gibt eine Anleitung, um mit Schülerinnen und Schülern in dieses Lernen hineinzufinden. Er bietet für den Unterricht in christlicher Religion eine Chance, nicht auf fremde Lernstrategien auszuweichen, sondern Lernwege dort neu zu entdecken, wo sie aus den eigenen Wurzeln erwachsen. Dabei ist es notwendig, sie auf Zeitgemäßheit hin zu prüfen und anzulegen.

Im Einzelnen heißt das:

- *Lernen müssen alle:* In den großen Fragen des Lebens sind alle „Lernende", sowohl die Lehrenden als auch die Schüler.
- Lernen ist ein Wechselspiel aus *Frage und Antwort:* Im KlKat wird sachlich-neutral gefragt: „Was ist das?" Damit werden die Wege eröffnet, um die Wirklichkeit auszuschreiten, in die der KlKat hineinführen will. Die Antwort wird diskursiv ausgeschritten: „wir", „ich", „für uns", „für mich" mit den im KlKat gegebenen Auslegungen Luthers.
- Damit eröffnet sich im Religionsunterricht ein Raum, in dem die Schülerinnen und Schüler

Kompetenz gewinnen an und mit diesen Fragen. In den folgenden Kapitel II werden diese Fragen in Lernwege überführt: Gott der Schöpfer – für mich? Vergebung und Befreiung – für mich? Würde als ein von Gott zugedachter Schutzraum – für mich? Die Geschichten Jesu Christi – für mich? Leben wider Resignation und Verzweiflung – für mich? Gottes Treue – für mich? Erfüllte Zeit – für mich? Konturen des Lebens – für mich? Die Sprache des Glaubens – für mich? Reden von Gott – für mich?

- *Lernen ist elementar:* Es geht um Grundaussagen und Grundverständnisse; die Fragen sind groß und umfassend, die Antworten gegliedert, geben Zeit für das Nachgehen und Nachdenken.
- *Lernen mit allen Sinnen:* Im Wiederholen und Rezitieren werden die Worte vertraut,
- *erhalten Rhythmus und Melodie.* Über Mund und Ohr werden Sinn und Untertöne erahnt und erspürt. Dabei schwingt viel mit, das nicht expressis verbis gesagt wird.

Die eingangs zitierte Szene aus den „Buddenbrooks“ kommentiert ein Kompendium des Religionsunterrichts in der Schule so: „(...), dieses kleine häusliche Abfragen der achtjährigen Anthony durch ihren Großvater nimmt uns hinein in den Religionsunterricht (wohlgemerkt: Religions-, nicht Konfirmandenunterricht), wie er im 19. Jahrhundert „unter Genehmigung eines hohen und wohlweisen Senates“, in der Hansestadt Lübeck und ebenso in zahlreichen weiteren Gebieten Deutschlands üblich war. Und wir erfahren eine ganze Menge über diesen Religionsunterricht, nicht nur über seine Methode, das Auswendiglernen, vielmehr auch über dessen Stoff, also seinen Inhalt: Es ist Luthers Kleiner Katechismus, der im Gefolge der Reformation zu einem Bestseller avancierte. (...) Beides aber, Methode und Inhalt des Religionsunterrichts, so erfahren wir bei Thomas Mann weiter, stehen in der Kritik: die Methodik, das „geistlose Einpauken“ des Stoffes, ein Gefühl, wie wenn man im Winter auf dem kleinen Handschlitten mit den Brüdern den Jerusalemsberg hinunterfuhr: Es vergingen einem geradezu die Gedanken dabei, und man konnte nicht einhalten, wenn man auch wollte. Also: Nicht überlegen, sondern Schlittenfahren mit dem eigenständigen Denken! Und dann der Stoff, diese Lebensferne: „Dazu Kleider und Schuhe“, sprach sie, „Essen und Trinken, Haus und Hof, Weib und Kind, Acker und Vieh...“ – eine agrarische, bäuerliche Welt, über die sich die weltoffene, vornehme und feine Großkaufmannschaft Lübecks nur mokieren kann. Dazu eine Welt der Erwachsenen, so gar nicht kindgerecht, von der Kinderwelt um Welten entfernt, wie der Großvater mit feiner Ironie deutlich macht: Er erkundigte sich nach Tony's Acker und Vieh, fragte, wieviel sie für den Sack Weizen nähme, und erbot sich, Geschäfte mit ihr zu machen. (Büttner, Dieterich, Religion als Unterricht. Ein Kompendium, Göttingen 2004, 121).

Zwei Kritikpunkte geben im Hinblick auf den Religionsunterricht zu denken:

- Es gehe um „Pauken statt selbst denken“;
- die Erläuterungen seien der Kinderwelt fremd.

Dazu lässt sich zunächst sagen: Der Kleine Katechismus war nie für den schulischen Unterricht gedacht und so, wie er hier karikiert wird, hat er dort nichts zu suchen. Wie bereits angemerkt, hat der Religionsunterricht eine bildende, nicht aber eine verkündigende Aufgabe. Will er also den KlKat behandeln, so ist die Distanz zwischen dem Stoff und den Schülerinnen und Schülern ausdrücklich zu wahren: Sie sollen die „Schlittenfahrt“ kennen lernen, wahrnehmen und erproben – zu Schlittenfahrerinnen und -fahrern zu werden, das kann nicht die Intention des Religionsunterrichts sein. Freilich darf aber die Perspektive nicht ausgeblendet werden, dass Religionsunterricht in der Hoffnung geschieht, dass Kinder und Jugendliche das, was sie hier lernen, weiterdenken, dem weiter nachspüren und davon leben lernen.

Katechismus-Lernen ist also hier nicht als Methode im Blick, sondern die Beschreibung eines Weges im Unterricht christlicher Religion, auf dem Kindern und Jugendlichen christliche Religion aufgeht und der sie zu dichten Erfahrungen mit christlicher Religion anleitet: Die Schülerinnen und Schüler lernen, wie man Religion lernt, und lernen dabei sich selbst und christliche Religion kennen.

Darum lassen sich die Kritikpunkte wenden, Aspekte, die in Thomas Manns kleiner Geschichte nur unzureichend in den Blick kommen: Am Kleinen Katechismus ist eine Art des Lernens aufzufinden, das dem gegenwärtigen Bildungsverständnis entgegenkommt: Lernen hätte dann weniger einen vermittelnden als vielmehr einen mitteilenden Charakter und würde die Schülerinnen und Schüler befähigen, an der Mitteilungsgestalt christlicher Religion beteiligt zu werden. Versteht man die überlieferten Exempel aus der Lebenswelt Luthers („Acker und Vieh") als Einladung, sie gerade in der Weise wie Tonys Großvater aufzuspießen und daran zu entdecken, wie die ‚alten' Traditionen die Gegenwart erhellen und auch kritisieren, dann finden sich Zugänge zu einer Tradition, die sich in ihrer Zeitgemäßheit und auch Bedeutsamkeit für das Leben der Schülerinnen und Schüler zeigen kann. Glauben zu lernen stellt in diese Bewegung zwischen Tradition und Gegenwart hinein. Ein Gespür wird entwickelt für die tragenden Aussagen christlicher Religion, die sich in diesem Hin- und Hergehen zwischen Tradition und Gegenwart je neu erschließen.

Die ‚Schulferne' des KlKat erweist sich dabei als Chance für den Religionsunterricht, an seiner Sache zu bleiben und Lernwege zu entwickeln, die Schülerinnen und Schüler erprobend an seiner Sache partizipieren lassen.

Dieses Hin- und Hergehen zwischen Tradition und Gegenwart ist kein Anachronismus, keine Rückwendung zurück zu alten Traditionen des Glaubens der Kirche, sondern führt ein in ein neues Hören auf die Tradition, die dann im je eigenen Leben ihre eigene Form gewinnt.

Alasdair MacIntyre kann das Gespür für Traditionen darum als eine der wesentlichen Tugenden beschreiben: Es gebe dem Leben des Einzelnen den notwendigen historischen Kontext und verweise zugleich auch auf die *praxis* gemeinsamen Lebens christlichen Glaubens. Es ist „die Tugend, das adäquate Gefühl für die Traditionen zu haben, denen man angehört oder die einem gegenüber treten. Diese Tugend darf nicht mit einer Form konservativer Begeisterung für das Alte verwechselt werden ... Es ist eher der Fall, daß sich ein adäquates Gefühl für Tradition im Zugriff auf jene Zukunftsmöglichkeiten manifestiert, die die Vergangenheit für die Gegenwart verfügbar gemacht hat." (MacIntyre, Alasdair: Der Verlust der Tugend. Zur moralischen Krise der Gegenwart, Frankfurt/Main 1987, 297f.)

Um dieser für das Lernen christlicher Religion notwendigen Tugend inne zu werden, soll mit dem Kleinen Katechismus ein Weg gegangen werden, der es Schülerinnen und Schülern ermöglicht, dieser katechetischen Tradition in unterrichtlichen Realisierungen zu begegnen. Unter der Bedingung, dass das Lernen christlicher Religion immer auch einen kreativen Lernvorgang freisetzt und zugleich einen kritischen Umgang mit Tradition provoziert, soll der KlKat hier so aufgegriffen werden, dass er in seiner die Gegenwart erhellenden und zugleich die Gegenwart kritisch befragenden Funktion wahrgenommen wird. Zugleich soll gezeigt werden, dass der KlKat einen Zugriff auf Zukunftsmöglichkeiten eröffnet, die bislang wenig im Blick waren oder sind.

Die Grundlage: Im Lernen bleiben – Religionsunterricht als Lebensaufgabe

„...und muß ein Kind und Schüler des Katechismus bleiben und bleib's auch gerne" *(Großer Katechismus BSLK 547,33-548,6):* Mit diesem Satz gibt sich Martin Luther als Lernender zu erkennen und zugleich zeigt sich damit, von welchem Lernen christliche Religion ausgeht. Es geht um ein Bleiben an den Inhalten christlicher Religion und nicht um ein Bewältigen eines Stoffes. Dieses „Im Lernen Bleiben" eröffnet wohltuende Perspektiven und fühlt sich an wie ein Haltepunkt in der leistungsorientierten Schullandschaft. Da geht es um eine Sache, die man nicht hinter sich bringen kann und als gelernt abhaken kann. Da geht es um eine Sache, die im Bleiben begriffen ist und die nicht nur für die Schulzeit Gültigkeit beansprucht, sondern auch für je meine Zukunft Bedeutung gewinnt.

Zugleich eröffnet sich ein neuer Blick auf Lehrende wie Lernende: Es geht um ein Lernen, diesseits und jenseits des Pults – nicht frontal, sondern beide, Lehrende und Lernende, bleiben in einem Lernen, das weiter führt als nur bis zu den Pausen: Rollen und Richtungen werden bewusst aufgelöst, wenn weder einseitig von den Schülern her noch einseitig durch die Lehrenden Unterricht konzipiert wird; beide sind als Diskurspartner um Glaubensaussagen versammelt, die sich bereits als sinnhaft und lebensförderlich bewährt haben.

Das führt in Lernwege, die eine eigene Kontur haben: Sie eröffnen die Konfrontation mit Gegenständen christlicher Religion, auf die Schülerinnen und Schüler unter Umständen nicht und nur wenig bezogen sind; sie führen in Wahrnehmungen an den vielfältigen Themenbereichen, die der KlKat eröffnet, und sie verweisen die Schülerinnen und Schüler gerade auch in ihrer Fremdheit in die Aufgabe der genauen Unterscheidung: Welche Wege christlicher Religion kann ich mitgehen und welche Wege bleiben für mich unzugänglich und fremd?

Darum ist es gerade nicht die Absicht dieses Buches, mit den Schülern nur unmittelbar im KlKat zu lesen, sondern es soll gezeigt werden, wie sich aus dem KlKat heraus die Themen generieren, die den Religionsunterricht bestimmen können. Insofern ist dieses Buch adressiert an die Lehrinnen und Lehrer, die nach dem theologischen Gehalt des Religionsunterrichts fragen und diesen in Auseinandersetzung mit dem KlKat entdecken können. Damit gewinnt der Religionsunterricht „vom Kleinen Katechismus her" eine theologische Kontur und bleibt bei seiner Sache.

Zielpunkt des Umgangs mit dem KlKat im Religionsunterricht ist mehr als eine Vermittlung von Inhalten; die Lernenden werden in ein Bleiben an den Grundfragen und Herausforderungen christlicher Religion geführt, das lebenslang andauern kann.

Die Methode: Lernen im Diskurs

Diskurs als Paradigma. Der Begriff Diskurs dient als Beschreibung der Lernvorgänge im Religionsunterricht, die mehr umfassen als nur ein elementares oder dialogisches Zugehen auf seine Gegenstände. Mit Diskurs ist festgehalten, dass im Unterricht verschiedene Gesprächspartner beteiligt sind und deren vielfältig religiöse und lebensweltliche Orientierungen und Bezugsgrößen im Religionsunterricht einbezogen werden können: Im Hin- und Hergehen zwischen diesen Orientierungen und Referenzen, auf die sich die am Lernprozess Beteiligten beziehen, findet ein Austausch statt, der in das Lernen christlicher Religion führt.

Damit ist die Dynamik dieses Lernens gekennzeichnet, das von Annäherungen und versuchsweisem Durchtesten der Perspektiven lebt, die hier eingebracht werden, wie auch davon, dass neue Orientierungen und Urteile provokativ und hilfreich hinzutreten. Im diskursiven Ausschreiten gewinnt der Religionsunterricht eine eigene Kontur, die gerade nicht als Vermittlung von Inhalten christlicher Religion verstanden werden kann, sondern die aus der Dynamik der Begegnung mit dem Unterrichtsgegenstand selbst lebt (Mitteilung).

Dieses Lernen führt in die genuine Lernform des Glaubens ein: Sie ist gekennzeichnet von der Spannung zwischen der Unverfügbarkeit des Glaubens – Glauben kann man nicht lernen – und der Hoffnung darauf, dass im Zugehen und in der Wahrnehmung der verschiedenen Gegenstände des Religionsunterrichts sich Spuren zeigen, die christliche Religion für die Schülerinnen und Schüler eröffnet.

Ziel ist es, eben die Nachhaltigkeit zu eröffnen, die mit Luthers Dictum des „Im Lernen Bleiben" betont wird. Mit der beschriebenen Aufgabe, ein Gespür für die tragenden Traditionen christlichen Glaubens zu entwickeln, soll ein Lernen eingeübt werden, das sich im Geben und Nehmen von Verbindlichem zeigt, das sich vollzieht im Prüfen, Ringen und Weiterentwickeln dessen, was sich schon als verbindlich bewährt hat, und das die Gegenstände des Religionsunterrichts als die wesentlichen Gehalte (Summarien) christlicher Tradition für die SchülerInnen ausweist.

Bestimmtheit im Unbestimmten der religiösen Lebenswelt der Schüler. Einbezogen in diese Überlegungen ist die religiöse Lebenswelt der Schülerinnen und Schüler insofern, als diese als Beteiligte am Diskurs christlicher Religion ernst genommen werden. Die Orientierungen, von denen sie leben, und die unterschiedlichen Bezugsrahmen (framework), in denen sie sich bewegen, müssen im Unterricht immer wieder neu wahrgenommen werden. Dies setzt voraus, dass ihre orientierungsoffenen und oft unübersichtlichen religiösen Perspektiven aufgesucht werden und im gemeinsamen Lernen Raum finden können.

Da die gesellschaftlich vorherrschende Signatur der Gegenwart (Individualisierung) den Kindern und Jugendlichen ein hohes Maß an Eigengestaltung ihrer Lebensentwürfe zumutet, an deren Ausgestaltung nicht wenige scheitern, braucht es zugleich Hilfestellungen, um Orientierungen auszubilden. Auf diesem Hintergrund stellt sich der Religionsunterricht als ein Raum dar, in dem inmitten von Unbestimmtheiten und Desorientierungen die Bestimmtheiten christlicher Religion im diskursiven Ausschreiten seiner Gegenstände aufgezeigt werden. Man könnte auch sagen, dass sich beide, Unbestimmtheiten und Bestimmtheiten, im Unterricht vernetzen, damit ein Lernen christlicher Religion möglich wird.

Solche Vernetzungen vollziehen sich als Begegnungen zwischen der unsichtbaren Religion der Schüler, die wir nicht haben, und den Gegenständen des Religionsunterrichts, an denen christliche Religion gelernt wird – freilich erprobend und fragmentarisch.

Anfänglichkeit des Lernens christlicher Religion. Unter der Voraussetzung, dass die Schülerinnen und Schüler nicht mehr oder kaum mehr in der Kirche – ihren Traditionen und lebensgestaltenden Formen – beheimatet sind, stellt sich dem Religionsunterricht die Frage nach den Anfängen ihres religiösen Lernens: Wie finden Kinder und Jugendliche hinein in christliche Religion?

Das Lernen christlicher Religion ist zunächst ein Lernen *von außen:* Das heißt, dass die Schüler immer auch auf wenig Vertrautes im Unterricht stoßen (Bibeltexte, Texte aus der Tradition, Texte des KlKat, Rituale und Lebensformen christlichen Glaubens, Bilder, Symbole und Metaphern, neue Lieder und Lieder der Tradition usw.). Darin liegt aber nicht ein Nachteil, sondern vielmehr die Chance des Religionsunterrichts, dass ihnen christliche Religion so eröffnet wird und dass sie sich in diesem noch Fremden bewegen lernen.

Religionsunterricht ist darum auf *Erprobung* christlicher Religion angelegt: Diese erprobende Gestalt des Unterrichts öffnet den Schülerinnen und Schülern Zugänge zu christlicher Religion, die ihnen verschiedene Optionen ermöglicht: Entweder stimmen sie sich auf die Entdeckungen und Wahrnehmungen ein und lassen sich berühren oder sie lernen darüber urteilen, was für sie gelten kann und was nicht. In beiderlei Hinsicht müssen die Lernwege offen sein.

Damit vollzieht sich im Lernen christlicher Religion zugleich ein Lernen *von innen* heraus, indem die Kinder und Jugendlichen auf dieses Zukommen christlicher Religion von außen reagieren und urteilen lernen: Kann das, was ich kennen lerne und an christlicher Religion entdecke, für mich Geltung beanspruchen?

Dieses Wechselspiel von außen und innen beschreibt die Dynamik des Lernens christlicher Religion.

Das so angelegte Lernen christlicher Religion zielt auf eine *Verlangsamung der Lernprozesse* ab, weil damit seiner Anfänglichkeit entsprochen wird und zugleich den Schülern eine Zeit für die Anfänge mit christlicher Religion zukommt. Das korrespondiert mit dem im KlKat angelegten Lernen, das diese Zeit für die Anfänge betont: Das „Im Lernen Bleiben“ und das „je neu mit dem Lernen anfangen“ korrespondieren miteinander und sind angemessener Ausdruck des Lernens christlicher Religion.

Im anfänglichen Lernen werden Schülerinnen und Schüler über Wissensvermittlung hinaus zum Lernen christlicher Religion angeleitet, das in *Ahnungen* von und in *erste Begegnungen* mit christlicher Religion führt. Die dafür angelegten Lernwege können dabei unterschiedliche Ausrichtungen haben, sei es, dass sie stärker ein emotionales Zugehen auf das Gegenstandsfeld favorisieren, dass sie ein den Gegenstand wahrnehmendes, phänomenologisches Zugehen eröffnen oder aber dass sie ein sich im kritischen Verstehen übendes Vorhaben sind.

Schülerinnen und Schüler begeben sich mit den aus dem KlKat gewonnenen Themen auf einen Weg, der ihnen zeigt, dass Glaube nicht mit einem Mal gelernt wird: „Das christliche Leben besteht nicht im Sein, sondern im Werden“, sagt Martin Luther.

Die Praxis: Lernwege

Vom Kleinen Katechismus her. Die Auswahl der Themenbereiche ist nicht beliebig und auch nicht assoziativ, sondern es werden aus dem KlKat Themen aufgegriffen, die in besonderer Weise geeignet sind, einzuführen in das „Im Lernen Bleiben“ christlicher Religion. Dabei muss nicht immer ein Text des KlKat im Unterricht aufgegriffen werden; als Summarium der wesentlichen Grundlagen christlichen Glaubens wird mit dem KlKat versucht, den tragenden und inhaltlich grundlegenden Aussagen auf die Spur zu kommen. Dabei sind zehn *Themen* ausgewählt in der Absicht, dass Lehrende davon angeregt werden, weiter mit dem KlKat zu arbeiten.

Lernen im Diskurs. Damit geht es um eine *diskursive Bewegung* im Religionsunterricht: Im KlKat sind Themen vorgegeben, die als Fundgrube dienen und für den Religionsunterricht wiederentdeckt werden sollen. Dabei ist festzustellen, dass viele Themen, die immer wieder im Religionsunterricht bearbeitet werden, sich im KlKat wieder finden und insofern dort eingeordnet werden können. Das Anliegen ist es, zu zeigen, dass sich der KlKat durchaus auch als eine kritische Instanz für den gegenwärtigen Religionsunterricht erweist. Das Aufspüren und Ausspüren der Tradition vollzieht sich also in den folgenden Unterrichtseinheiten im Wechselspiel von KlKat und Unterricht und seinen Themen, die je aufeinander verweisen.

Lernen als Wahrnehmung. Das religiöse Lernen im Religionsunterricht wird hier im Modus der *Wahrnehmung* beschrieben, die Schüler auf eine Spurensuche mitnimmt, die ihnen die vielfältigen Perspektiven christlicher Religion fragmentarisch zu eröffnen versucht. Damit wird in der Profilierung der Lernwege dem „Im Lernen Bleiben“ entsprochen, indem Lernwege in den Blick kommen, die offen angelegt sind und sich zugleich auf verbindliche thematische Vorgaben beziehen.

Zehn Unterrichtseinheiten. Die zehn Einheiten sind folgendermaßen gegliedert: Es wird jeweils ein *Bezug zum KlKat* formuliert, weiterhin daraus ein komplexes *Thema* anvisiert, innerhalb dessen dann der Fokus oder *Ausschnitt* für einen Lernweg formuliert wird.

In einem Dreischritt wird dann der Themenausschnitt selbst entfaltet: In der *Grundlegung* wird der Zusammenhang zwischen dem KlKat und dem Themenkomplex reflektiert, der dann in Bezug auf den Ausschnitt entfaltet werden soll. Zugleich wird ein *Profil* entwickelt, das die vielfältigen Perspektiven des Themenkomplexes ausschreitet und den Themenausschnitt im Blick auf die Jugendlichen wahrnimmt. Mit dem Ausschnitt wird dann in der *Entfaltung* zur Realisierung im Religionsunterricht angeleitet und werden mögliche Lernschritte vorgestellt.

Lernwege. Die Themenausschnitte beziehen sich auf die *Geschöpflichkeit des Menschen, seine Begrenztheit und sein Scheitern an der Geschöpflichkeit,* auf die dem Menschen *von Gott her zukommenden Würde,* auf sein *Verwickeltsein in der Geschichte Jesu Christi,* auf seine *je eigene Lebens- und Glaubensgeschichte,* auf seine Fragen nach *Orientierungen im eigenen Leben* und auf die *Wege, die er geht;* auf seine *Erfahrung von Zeit in Gottes Zeit,* auf seine Suche nach einer Lebensform, die nicht unabhängig ist von der *Sprachform,* in der sich Menschen bewegen, und schließlich auf das *Reden von Gott,* das in die selbstkritische Teilhabe an christlicher Religion führt und dazu herausfordert, nach der Bedeutsamkeit Gottes für das eigene Leben zu fragen.

Umgang mit den vorgegebenen Lernwegen. Aus den Themen heraus werden Aspekte entfaltet, die das Lernen im Religionsunterricht bestimmen können. Die hier vorgelegte Abfolge kann freilich variiert oder es können daraus einzelne Teile ausgewählt werden. Manche Informationen, die sich leicht aus dem Internet oder Lexika usw. heranziehen lassen, werden nicht ausführlich angegeben. Der Lehrplanbezug ist ausgespart: Die hier vorgestellten Themen eignen sich dazu, auch in anderen als den hier vorgeschlagenen Zusammenhänge aufgenommen zu werden, da sie an den grundlegenden Themen des Religionsunterrichts überhaupt orientiert sind.

Vom KlKat her. In allen Unterrichtseinheiten wird der Versuch gemacht, den KlKat unmittelbar aufzunehmen und im Zusammenhang des vorgegebenen Lernweges einzubringen. Auch wenn die Sprache fremd ist und die Aussagen deutlich Bekenntnischarakter haben, kann an je bestimmten Ort die Sperrigkeit thematisiert werden. Aus dem Lernweg heraus können Aspekte aufgegriffen werden, die den bisher gegangenen Weg erhellen, indem die Aussagen in den Kontext christlicher Religion eingeordnet werden.

Bemerkung zu den Materialien. Nach jeder einzelnen Unterrichtseinheit sind Materialien zusammengestellt, die für den Religionsunterricht kopiert, die aber freilich auch durch eigenes Material ersetzt werden können. Texte aus der Bibel werden nicht eigens aufgeführt.

Dabei sollen Gedichte, Bilder, Predigten, Gebete, biblische Texte usw. aufgenommen werden, die Anleitung geben, dem Thema in der einzelnen Unterrichtsstunde nachzugehen.

In folgenden Zusammenhängen wird der KlKat unmittelbar aufgenommen:

Thema Schöpfung/Geschöpflichkeit: Ich gläube, daß mich Gott geschaffen hat sampt allen Kreaturn, mir Leib und Seel, Augen, Ohren und alle Glieder, Vernunft und alle Sinne gegeben hat und noch erhält, dazu Kleider und Schuch, Essen und Trinken, Haus und Hofe, Weib und Kind, Acker, Viehe und alle Güter, mit aller Notdurft und Nahrung dies Leibs und Lebens reichlich und täglich versorget ...

- Sich selbst in Gottes Schöpfung entdecken lernen – der KlKat wird hier als *Text bearbeitet und im Gespräch* mit den Schülerinnen *nachgegangen.*

Thema Beichte: Fur Gott soll man aller Sunden sich schuld geben, auch die wir nicht erkennen, wie wir im Vaterunser tun. / Aber fur dem Beichtiger sollen wir allein die Sunden bekennen, die wir wissen und fühlen im Herzen.

- Lernen, ein Sünder zu sein – der KlKat wird hier einbezogen, indem die Erfahrung von Schuld, Vergebung und Befreiung in ästhetisch-wahrnehmender Form an Kunstwerken thematisierbar wird.

Thema Mensch: Ich gläube, daß mich Gott geschaffen hat.

- Die Würde des Menschen wahrnehmen lernen – der KlKat wird hier *ästhetisch erschlossen,* indem die Interpretation der Würde als ein dem Menschen zukommender Schutzraum im Malen wahrgenommen wird.

Thema Jesus Christus: Ich gläube, daß Jesus Christus ... sei mein Herr.

- Die Story Jesus als Geschichte für mich wahrnehmen lernen – der KlKat wird *im Rahmen einer Gegenwartsgeschichte interpretiert* und die politische Dimension des KlKat ausgeschritten.

Thema Ich: ... daß uns Gott wollt' behüten und erhalten.

- Die eigene Lebens- und Glaubensgeschichte aufspüren lernen – der KlKat wird *in einer aktualisierten Sprachform aufgenommen* und führt die SchülerInnen auf eine Spurensuche eigener Sehnsucht und Hoffnungen.

Thema Wege, die ich gehe: Gott will damit uns locken, daß wir gläuben sollen, er sei unser rechter Vater und wir seine rechte Kinder, auf daß wir getrost und mit aller Zuversicht ihn bitten sollen wie die lieben Kinder ihren lieben Vater.

- Orientierungen für das eigene Leben wahrnehmen lernen – der KlKat wird *in Luthers Lebensgeschichte eingetragen.*

Thema Zeit: ... daß wir seinem heiligen Wort durch seine Gnade gläuben und göttlich leben, hie zeitlich und dort ewiglich.

- Die eigene Zeit wahrnehmen lernen – die Zeitdimensionen, auf die der KlKat verweist, werden *im Hören und Analysieren einer Predigt* vertieft und erläutert.

Thema Gelebte Religion: Er verheißet aber Gnade und alles Guts allen, die solche Gebot halten, darumb sollen wir ihn auch lieben und vertrauen und gerne tun nach seinen Geboten.

- Religiöse Lebensformen unterscheiden lernen – der KlKat dient als *Raster, um die Lebensform christlicher Religion zu entdecken und auszuschreiten.*

Thema Sprache des Glaubens: Wir sollen Gott fürchten und lieben, daß wir die Predigt und sein Wort nicht verachten, sondern dasselbige heilig halten, gerne hören und lernen.

- Die Sprache des Glaubens sprechen und aneigenen lernen – der KlKat *konfrontiert mit dem Reden vom Wort Gottes – der Heiligen Schrift – und dient dazu diesem Reden genauer auf die Spur zu kommen.*

Thema Reden von Gott: Wir sollen Gott fürchten und lieben.

- Von Gott reden lernen – der KlKat zeigt sich selbst als *ein Versuch, von Gott reden zu lernen,* zu begreifen, wer er für mich sein oder werden kann, welche Bedeutung er in je meinem Leben gewinnen kann.

II. Zehn Lernwege – Vom Kleinen Katechismus her

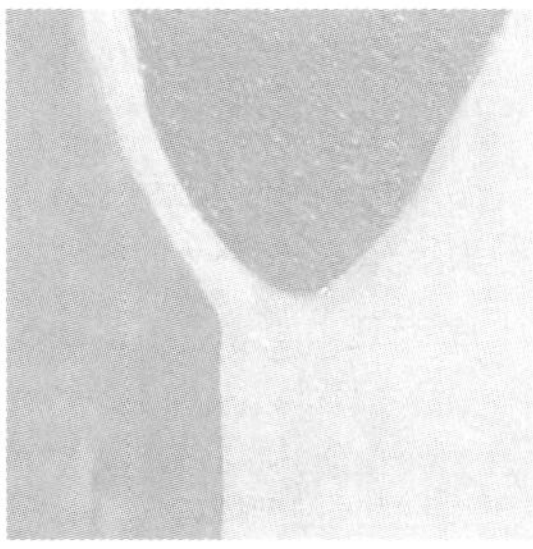

Lernweg 1: 5./6. Klasse

Schöpfung/Geschöpflichkeit

Wie ein Vorhang sich öffnet,
so öffnet dieser erste Lernweg die Tür
hinein in das Nachdenken
über Gottes Schöpfung;
führt hinein in den Lebensraum,
in dem ich lebe,
spürt dem nach
in Neugier und Provokation;
lässt Spuren
der guten Schöpfung
erahnen und
schauen.

Religionsunterricht als Raum,
in dem Schülerinnen und Schüler Kompetenz gewinnen
in der diskursiven Annäherung an die Frage:
Gott der Schöpfer – für mich?

Bezug zum Kleinen Katechismus

Ich gläube, daß mich Gott geschaffen hat sampt allen Kreaturn, mir Leib und Seel, Augen, Ohren und alle Glieder, Vernunft und alle Sinne gegeben hat und noch erhält, dazu Kleider und Schuch, Essen und Trinken, Haus und Hofe, Weib und Kind, Acker, Viehe und alle Güter, mit aller Notdurft und Nahrung dies Leibs und Lebens reichlich und täglich versorget ... (Auslegung zum ersten Glaubensartikel)

Grundlegung: Gott, der Schöpfer, und ich als Geschöpf

Mit der Betonung des Ich am Anfang der Auslegung des ersten Glaubensartikels konzentriert der KlKat auf den Einzelnen, seine Geschöpflichkeit und das, was ihm als Geschöpf von Gott zukommt. Damit ist eine Beziehung gesetzt, auf die Gottes schöpferisches Handeln gerichtet ist und auf die der Einzelne antworten lernt. Die Abhängigkeit des Einzelnen von Gottes schöpferischem Handeln wird ausdrücklich anerkannt. In dieser Anerkennung zeigt sich die Freiheit, die der Einzelne im Gegenüber zu Gottes Wirklichkeit wahrnehmen und entdecken lernt: Der Mensch lernt, Gott in seinem Leben Raum zu geben und sich in dem Vertrauen zu üben, das seine Geschöpflichkeit eröffnet. Die Frage des Menschen nach sich selbst mündet im KlKat in die Anerkennung der Geschöpflichkeit: Nicht die Frage „Wer ist der Mensch" wird hier beantwortet, sondern allein die Frage „Was ist der Mensch, dass du seiner gedenkst", wie das Psalm 8 eindrücklich festhält. Das ist die genuine Beschreibung der Beziehung Gottes und des Menschen: Gott sucht nach dem Menschen, bezieht sich in seinem schöpferischen Handeln auf ihn und eröffnet ihm einen Lebensraum, in dem er leben kann.

Die Anerkennung dieser Geschöpflichkeit des Menschen und der damit gesetzten Beziehung Gottes und des Menschen verdichtet sich in der Aussage: „Ich glaube, daß mich Gott geschaffen hat ...".

Profil: Provokation und Neugier

„Ich glaube..." fordert zu einem eigenen Profil des Religionsunterrichts heraus. Diese Antwort auf das schöpferische Handeln Gottes ist Ausdruck der Gewissheit, dass Gott für mich einen Lebensraum eröffnet hat, in dem ich leben kann und der so gestaltet ist, dass ich mich auf ein gutes Leben hin ausrichten kann. Darin steckt *Provokation* und *Neugier* zugleich.

Provokation, weil der einzelne Schüler diesen Satz wohl nur schwer nachsprechen kann. Eher ist er gewöhnt, das, was er zum Leben braucht, und das, was er haben möchte, zu kaufen. Die Konsumorientierung der Schülerinnen und Schüler ist unübersehbar und auch ihr Umgang damit selbstverständlich. Die Werbestrategen haben längst das jugendliche Käuferpublikum wahrgenommen und richten ihre Strategien auf sie und ihrem Konsumwillen aus. Woraus sich mein Leben bestimmt, woher die Dinge kommen, in welchem Reichtum ich mich bewege – diese Frage stellt sich nur für wenige. Und doch sagt dieser Abschnitt aus dem KlKat, dass ich selbst und alle Dinge, die mein Leben ausmachen und tragen, Gabe Gottes sind.

Mit dieser Provokation eröffnet sich die Differenz, die Kinder und Jugendliche wahrnehmen, wenn sie unmittelbar mit dieser Aussage konfrontiert werden. Sie kann polarisieren und zu krasser Ablehnung führen. Deshalb sollte der Unterricht auf diese Provokation vorbereiten. Insofern beginnt ein Bedenken dieses Abschnittes aus dem KlKat mit dem Aufspüren der Lebenswelt – in den Dingen, die Schülerinnen und Schüler alltäglich haben wie auch in besonderen Ereignissen und Erfahrungen, die ihnen nachgehen.

Die Erfahrung, dass ich alles habe und haben kann, was ich zum Leben brauche, wird beim Namen genannt und hinterfragt. Dann erst kommt die konträre Erfahrung zur Sprache, die da heißt: Alles, was mir im Leben zukommt, kommt mir von Gott her zu. An dieser Differenz zu arbeiten, macht das besondere Profil dieser Unterrichtseinheit aus: Den unreflektierten Selbstverständlichkeiten des eigenen Lebens ist dabei auf die Spur zu kommen. – Und gehen nicht bisweilen Güter, auf die ich mich verlasse, unvermittelt verloren? Wo bleibt dann die vermeintliche Selbstverständlichkeit? Dies ist eine Überlegung und Erfahrung, die Schülerinnen und Schüler zum Nachdenken bringt und vor allem dann erreichen, wenn bisher tragende Lebenszusammenhänge zerbrechen und wenn die Selbstverständlichkeiten im eigenen Leben plötzlich keine mehr sind.

Dazu kommt die *Neugier:* Fragen Sie zusammen mit den Schülerinnen und Schülern: Was sind das für Leute, die alles, was sie haben und sind, von Gott her verstehen?

Antworten auf dieses neugierige Fragen finden sich am ehesten in der Auseinandersetzung mit genuin religiösen Sprachformen wie Lob und Dank für das, was gegeben ist, und Klage und Bitte bei Verlust und Mangel.

Auf beide Sprachformen geht der Unterricht zu, indem er sie dort wahrnimmt und erkundet, wo sie spezifische Gestalt gefunden haben: in den Psalmen.

Auch die Psalmen sich für die Schülerinnen und Schüler zunächst fremde Sprachformen. Im Unterricht gehen sie in diese Sprachformen hinein und spüren dem nach, wie Menschen sich in diesen Sprachformen bewegen lernen. Das Fremde, das sie dabei kennen lernen, kann fremd bleiben. Die Begegnung ermöglicht aber auch das Lernen der Sprachform. Auf beides muss der Unterricht ausgerichtet sein.

Indem die Schülerinnen und Schüler Lob und Dank, Bitte und Klage als Ausdrucksformen kennen lernen, die mit einem schöpferischen Gegenüber rechnen, schließt sich der Kreis: Der erste Glaubensartikel in Luthers Erklärung bleibt provokant, aber er ist jetzt eingebettet in ein Netz eigener Zugänge.

Entfaltung: Sich selbst in Gottes Schöpfung entdecken lernen

Der Auszug aus Psalm 104 (M1) verweist auf die Grundbewegung des christlichen Glaubens: In Lob und Dank antwortet die Schöpfung auf das schöpferische Handeln Gottes. Exemplarisch kann mit dem Psalm dieser Grundstruktur des Glaubens nachgespürt werden.

Der Psalm gibt dafür eine Sprache vor; sie konzentriert auf die Erfahrung der guten Schöpfung, die für den Menschen einen Lebensraum bereitstellt, in dem ihm und aller Schöpfung das für das Leben Notwendige zukommt.

Mit dem Psalm kann dieser Raum ausgeschritten werden, ohne dass sich die Schülerinnen und Schüler selbst hier einbringen müssten.

Die doxologische Sprache eröffnet sich im Nachsprechen und Nachgehen des Psalms. Sie ermöglicht den Kindern, an dieser Sprache teilzunehmen. Auch wenn das für viele Schülerinnen und Schüler fremd ist, so ist damit doch eine Wahrnehmung des Schöpfungsraums eröffnet, der im Loben und Danken neu in den Blick kommt: Was sie sind und was ihnen im Leben zukommt, nehmen Menschen wahr, indem sie es in Lob und Dank einkleiden.

Der Psalm 104 ist darum gut geeignet, weil er auf unmittelbare Erfahrungen in der Lebenswelt ausgerichtet ist und auch die kleinsten Dinge nicht außer Acht lässt. Insofern illustriert der Psalm auch die Aussagen im KlKat, die mit „Kleider und Schuch…“ usw. die unmittelbaren und notwendigen Dinge des Lebens im Blick behalten. Diese Achtsamkeit auf die Gaben des Lebens übt der Psalm ein.

Der Psalm kann dann auch variiert werden, indem die Schülerinnen und Schüler sich mit ihm auf den Weg begeben, ihre Lebenswelt auszuschreiten und achtsam zu werden auf das, was ihnen persönlich in ihrem Leben zukommt, was sie sind und haben.

Danken üben

- Lesen des Psalmtextes (M1)
- Wahrnehmungen einüben: Der Psalmbeter lobt und dankt für …
- Achtsamkeit auf das, was ich in meinem Leben habe: Schülerinnen und Schüler fragen nach, was sie haben und in ihrem Leben brauchen.
- Die Schülerinnen und Schüler formulieren einen kurzen Text in Anlehnung an den Psalm 104.
- Sie probieren aus: Wie klingt das, wenn sie ihre Texte in den Psalmtext eintragen und dazu den Anfang von Psalm 104 aufnehmen: „Lobe den Herrn, meine Seele!“
- Darüber kann man ins Gespräch kommen – und an der Differenz von Psalm 104 und den eigenen Texten arbeiten: *Will* ich meinen Text in den Psalmtext eintragen? Was passiert dann mit mir?

Die eigene Lebenswelt ausschreiten: „Was macht mein Leben schön?"

Diese unmittelbare Wahrnehmung der Gaben, die ich habe, kann nun vertieft werden, indem die Schönheit des eigenen Lebens erzählt und wahrgenommen wird: „Was macht mein Leben schön?“ Damit vollzieht sich eine Dekonzentration: Jetzt geht es nicht nur um die Dinge, die ich besitze und habe, sondern um den Beziehungsreichtum des eigenen Lebens (Freunde, Großmutter, Instrument spielen, bummeln gehen, Feste feiern ...).

Die eigene Lebenswelt ausschreiten: „Wenn das Leben nicht mehr schön ist ..."

Hier soll ein Vers 2b aus Psalm 104 aufgegriffen werden: „Du breitest den Himmel aus wie einen Teppich“. Dieser Vers soll interpretiert werden mit einem kurzen Hinweis auf einen Schüler, der den Himmel ganz anders wahrgenommen hat als in seiner Schönheit (M2). Der Verlust der Schönheit der Schöpfung kommt damit in den Blick und ermöglicht einen Übergang zum Reden von der guten Schöpfung, die zugleich bedrohte Schöpfung ist – einer Erfahrung, die im Leben der Kinder und Jugendlichen unmittelbar präsent und die in diesem Zusammenhang aufzugreifen ist: „Der Himmel ist heute kein Teppich mehr, der wunderbar ausgebreitet ist, sondern er ist ein Teppich, der Löcher hat. Die Ozonschicht nimmt immer mehr ab und reißt in diesen Teppich Löcher.“ Folgende Wege im Religionsunterricht bieten sich an:

- Schülerantwort zu Psalm 104,2b (M2) wird an die Tafel geschrieben.
- Worauf macht der Schüler aufmerksam? Kleine Arbeitsgruppen, die dieser Infragestellung des Psalm 104,2b nachgehen.
- Gespräch im Plenum: Wie verändert diese Interpretation des Schülers die Wahrnehmung des Psalms 104 insgesamt?

Die eigene Lebenswelt ausschreiten: „Wenn MEIN Leben nicht mehr schön ist!"

Der Erfahrung, dass im eigenen Leben tragende Lebenszusammenhänge zerbrechen und bisherige Selbstverständlichkeiten plötzlich keine mehr sind, kann weiter nachgegangen werden. Neben Lob und Dank tritt die Klage über Verlust und Scheitern im eigenen Leben, die Klage, dass „mein Leben nicht mehr schön ist“. Der christliche Glaube eröffnet solche Klageräume und ist eine Antwort auf die Herausforderungen des je eigenen Lebens.

Die Arbeit an Schöpfungserfahrungen muss nicht „religiös überhöht“ werden mit einem beständigen Verweis auf Gott den Schöpfer. Vielmehr lebt diese Unterrichtseinheit aus der Sensibilisierung für das je eigene Leben und die Dinge meines Alltags, die ich habe und gebrauche, wie auch aus der Sensibilisierung für die Erfahrung der Gefährdungen des Lebens, die die Schönheit der Schöpfung verdunkeln und in der Klage einen Sprach-Raum finden können.

Ausdrucksformen erkunden: „Wie lange, Gott ...?"

Kontrastierend zu Psalm 104 (im Auszug) lesen die Schülerinnen und Schüler Psalm 13,1–6. Sie suchen kontrastierende Momente; dabei entdecken sie die Formen von Lob und Klage selbst.

Sie lernen *Orte der Klage* kennen: Erinnerung an eine Klagewand in einer Kirche. In St. Lorenz in Nürnberg steht eine Klagewand, auf die Besucher ihre Klagen aufschreiben können; in verschiedenen Gottesdiensten werden die Klagen anonym im Fürbittengebet aufgenommen. Erinnerung an Gebets- und Fürbittenecken, vor allem in katholischen Kirchen; im Gebet wird eine Kerze angezündet und Gott die eigene Klage überantwortet. Erinnerung an die Tsunami-Katastrophe, die sprachlos gemacht hat und viele Menschen in Kirchen Raum für die Klage und das Unaussprechliche gefunden haben.

Möglich wäre, einen solchen Raum in einer Kirche aufzusuchen oder aber ein Denkmal zu besuchen um Klageinschriften kennen zu lernen.

Sie lernen ein *Klagegebet* kennen (M3) und kommen der Geschichte des Beters auf die Spur: Das Gebet aus dem Gesangbuch gibt die Möglichkeit, Aspekte aufzugreifen, die im Gebet nur kurz anklingen: „In mir ist Bitterkeit“ – Wovon könnte die Rede sein?

Das Klagegebet eröffnet ein Gespür für die Not des Beters, die er in der Zwiesprache mit Gott artikuliert. Schüler zur Formulierung eigener Klage aufzufordern wäre allerdings unpassend und rührt zu sehr an die Intimität der Kinder und

Jugendlichen: Klage formulieren – das kann man nur aus der Situation der Not heraus und nicht auf Bestellung; anders freilich verhält es sich beim Danken für das, was ich habe (siehe zu Psalm 104); darin kann man sich einüben und das kann man durchprobieren, austesten und sich miteinander freuen.

Schülerinnen und Schüler lernen mit einem Bild (Jawlensky, als Nachzeichnung auf M4) einen künstlerischen Ausdruck von Klage kennen, die sprachlos macht. Die Augen sind geschlossen und die bunte Welt, die sich im Antlitz spiegelt, wird nicht mehr wahrgenommen. Mit diesem Bild „Meditation auf Goldgrund“ kann man der Sprachlosigkeit der Klage auf die Spur kommen und danach fragen: Was kann die Augen in der Klage wieder öffnen? Was hilft Menschen, dass sie in der Trauer, in der Erfahrung von Verlust und Angst sprachfähig werden?

Vom KlKat her:
„...dass mich Gott geschaffen hat“

Ich glaube, daß mich Gott geschaffen hat sampt allen Kreaturn, mir Leib und Seel, Augen, Ohren und alle Glieder, Vernunft und alle Sinne gegeben hat und noch erhält, dazu Kleider und Schuch, Essen und Trinken, Haus und Hofe, Weib und Kind, Acker, Viehe und alle Güter, mit aller Notdurft und Nahrung dies Leibs und Lebens reichlich und täglich versorget ...

Auf dem bisherigen Unterrichtsweg haben die Schülerinnen und Schüler hineingefunden in die Wahrnehmung dessen, was ihr Leben schön macht, und sind auch der Erfahrung nachgegangen: „Wenn das Leben nicht mehr schön ist“. Nun kann im Anschluss daran der Aspekt des KlKat „ich glaube, daß mich Gott geschaffen hat“ unmittelbar aufgenommen und thematisiert werden.

Angeregt durch die Sprache von Lob, Dank und Klage lernt sich der einzelne Schüler, die einzelne Schülerin, in dem (von Gott eröffneten) Schöpfungsraum wahrnehmen; mit der ganzen Schöpfung zugleich geht es um ihn als Einzelnen in seinen Lebensbezügen und in seinen Erfahrungen.

Die Schülerinnen und Schüler werden immer wieder in diese Sprachformen miteinbezogen und nehmen so teil an den Ausdrucksformen geschöpflichen Lebens. Damit ist ein Zugang gegeben zur Entdeckung eigener Religion, die sich in der Wahrnehmung der Schönheiten des Lebens wie aber auch in der Wahrnehmung der Gefährdungen eigenen Lebens eröffnet.

Mit dem in fremde Sprache gekleideten Text aus dem KlKat wird dem in einer analytischen Textarbeit und im Gespräch genauer nachgegangen:

- Lesen des Textes (M5)
- Verwunderung artikulieren: Was ist das für eine Lebenswelt, die vor Augen tritt?
- Einzelarbeit: Aktualisierung des Textes auf die eigene Lebenswelt hin (M5): Damit gelingt es, die bisher erarbeiteten Aspekte aufzugreifen und auf den KlKat zu beziehen.
- Aufsuchen von Differenzen, die im Gespräch erläutert werden: „Wenn das Leben nicht mehr schön ist“ – kann diese Aussage im KlKat dann noch stimmen: *„Ich glaube, daß mich Gott geschaffen hat sampt allen Kreaturn ... mich reichlich und täglich versorget“*?

Im Gespräch wird weiter reflektiert: Was kann es heißen „ich glaube“? – könnte es vielleicht heißen: Was auch immer ich erlebe, es wird weitergehen ... Was auch immer geschieht, Gott ist für mich da, hört auch meine Klagen. Was auch immer passiert, da ist einer, der sich um mich sorgt ...?

Dabei ist es wichtig, den Schülerinnen und Schülern bewusst Distanz zu eröffnen: Die Spannung von schönem und nicht mehr schönem Leben wird ernst genommen, damit die Schülerinnen und Schüler auch eigenen Zweifel artikulieren können: „Warum/Wann wird diese Aussage im KlKat unglaubwürdig?“

Mit dem „ich glaube“ und der Zuversicht, dass Gott „reichlich und täglich“ sich um die Menschen sorgt, ist ein Perspektivenwechsel möglich: „Probiert einmal aus, wie das klingt, dass Gott sich um uns täglich sorgt – auch dann, wenn im Leben vieles passiert, was uns daran zweifeln lässt.“

Wider das Vergessen: Noch einmal gehen die Schülerinnen und Schüler hinein in die vielen alltäglichen Selbstverständlichkeiten, die sie haben und die sie brauchen. Das Gespräch sollte sich nicht zu einer Generalabrechnung mit Gott, der „das Leiden in der Welt zulässt“, entwickeln, sondern eher zur Wahrnehmung all dessen, was – auch „im Angesicht meiner Feinde“ (Ps 23) mir täglich zukommt. Das verändert den Blick weg von der grundsätzlichen Anklage, hin zur Aufmerksamkeit für das, was im je eigenen Leben zukommt.

Wie klingt das Leben, wenn es schön ist/ wenn es nicht mehr schön ist?

Beide Aspekte klingen im Leben zusammen, und dem soll nun abschließend nachgegangen werden: Dabei sollen zwei Liedtexte verglichen werden, ein Lied aus dem Gesangbuch EG 334, 1–4 (Danke, für diesen guten Morgen) mit dem Lied von Laith Al-Deen (Leb den Tag) (M6), das exemplarisch für viele aktuelle Popsongs stehen kann, die die Sehnsucht nach gutem Leben aufgreifen.

Zum Vergleich der beiden Lieder: Die Differenz wird herausgearbeitet zwischen dem Danke, das sich an Gott richtet, und der lapidaren Feststellung „Ich leb den Tag" als Verpflichtung dem eigenen Leben gegenüber.

Im *emotionalen Zugehen* auf diese Lieder gewinnen folgende Aspekte Raum: Von woher bestimmt sich mein Leben, worauf ist es gerichtet? Kann ich einfach so immer wieder neu anfangen, wie es Laith Al-Deen besingt? Habe ich dazu immer genug Kraft?

Ferner können *Aufmerksamkeiten aufgesucht werden:* Was spüre ich als Schüler von diesem Leben, das vom Danken lebt? Bleibe ich nur mit mir selbst beschäftigt oder richte ich mein Leben auf jemand/etwas anderes hin aus?

Entdeckungen lassen sich anbahnen: Ich habe mein Leben nicht aus mir selbst – vieles geschieht ohne mein Zutun. Nicht alles ist so selbstverständlich, wie es mir vorkommt!

Sensibilität wird eröffnet im kreativen Schreiben: Schülerinnen und Schüler formulieren weitere Verse zum Danke-Lied und spüren den auch kleinen Selbstverständlichkeiten des Lebens nach.

Halten Sie auch *Gemeinsamkeiten* fest: Das Dankelied und das Lied von Laith al Deen haben Gemeinsamkeiten: „Ich leb den Tag und öffne die Augen: was sehe ich?" – gemeinsame Perspektiven des Liedes werden ausgelotet.

Meditativer Abschluss

Möglich wäre, auf kleinen Zetteln den Vers von Ernesto Cardenal zu verteilen (M8), um die Schülerinnen und Schüler für die Aufmerksamkeit auf die kleinen Dinge des Alltags zu sensibilisieren – der Zettel gehört dann freilich nicht ins Religionsheft, sondern die Schülerinnen und Schüler entscheiden selbst, was sie mit diesem Textlein machen (in den Geldbeutel, an die Pinwand, in das Federmäppchen, in den Papierkorb ...).

Lobe den Herrn, meine Seele! (Auszug aus Psalm 104) | M1

Lobe den Herrn, meine Seele!

Herr mein Gott du bist sehr herrlich,
du bist schön und prächtig geschmückt.

Licht ist dein Kleid, das du anhast.
Du breitest den Himmel aus wie einen Teppich;
du baust deine Gemächer über den Wassern. ...

Du lässest Wasser in den Tälern quellen, ____________________
dass sie zwischen den Bergen dahinfließen,
dass alle Tiere des Feldes trinken und das Wild seinen Durst lösche.

Darüber sitzen die Vögel des Himmels und singen unter den Zweigen.

Du feuchtest die Berge von oben her,
du machst das Land voll Früchte, die du schaffest.
Du lässest Gras wachsen für das Vieh ____________________
und Saat zu Nutz den Menschen,
dass du Brot aus der Erde hervorbringst,
dass der Wein erfreue des Menschen Herz
und sein Antlitz schön werde vom Öl
und das Brot des Menschen Herz stärke. ____________________

Du hast den Mond gemacht, das Jahr danach zu teilen;
die Sonne weiß ihren Niedergang.
Du machst Finsternis, daß es Nacht wird;
da regen sich alle wilden Tiere, die jungen Löwen,
die da brüllen nach Raub und ihre Speise suchen von Gott.

Wenn aber die Sonne aufgeht, heben sie sich davon
und legen sich in ihre Höhlen. ____________________
So geht dann der Mensch aus an seine Arbeit
und an sein Werk bis an den Abend.

Herr wie sind deine Werke so groß und viel!
Du hast sie alle weise geordnet, und die Erde ist voll deiner Güter.

Psalm 104,1–3a.10–15.18–24

Lies den Psalm mehrmals laut.
Wo malt der Sänger mit seinen Worten schöne Bilder? Unterstreiche sie.
Die Linien am Rand sollen dir gliedern helfen –
finde Überschriften für die Abschnitte und schreib sie auf die Linien.
Mit einem Satz: Was ist das Besondere an „Gottes Werken"?

M2 Einspruch

Du breitest den Himmel aus wie einen Teppich ...

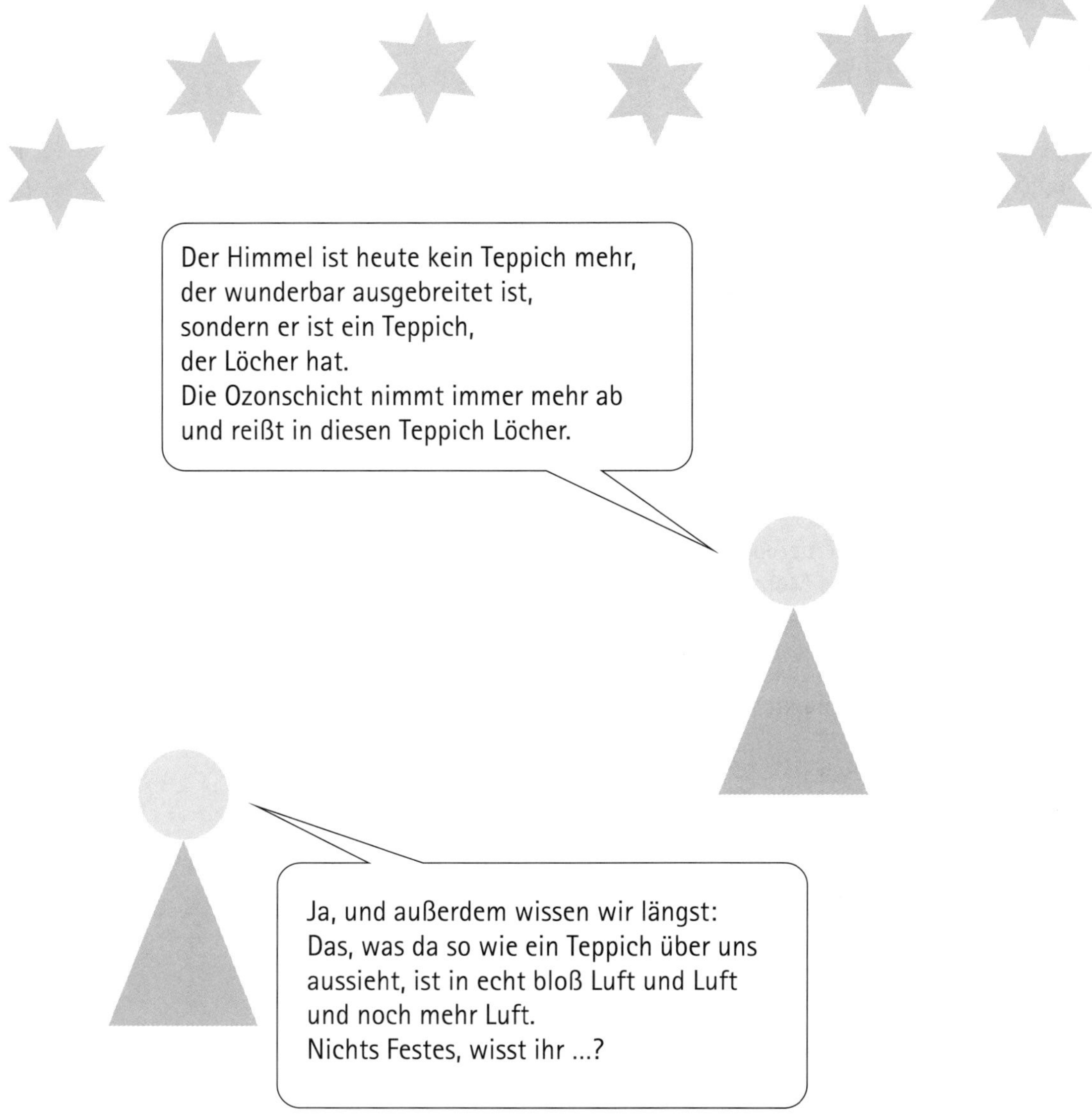

Was nun? Teilt euch in zwei Gruppen:

Die eine Gruppe fragt: Kann man heute noch von einer „heilen Welt" sprechen? Welche Gefährdungen und Probleme gibt es? Wer ist daran schuld?

Die zweite Gruppe fragt: Was ist Himmel? Was bedeutet „Himmel" in einem Loblied, was bedeutet „Himmel" im Physikbuch?

Gott! Ich klage ... M3

Gott, zu dir rufe ich.
In mir ist es finster,
aber bei dir ist das Licht.
Ich bin einsam,
aber du verlässt mich nicht.
Ich bin kleinmütig,
aber bei dir ist die Hilfe.
Ich bin unruhig,
aber bei dir ist der Friede.
In mir ist Bitterkeit,
aber bei dir ist die Geduld.
Oft verstehe ich deine Wege nicht,
aber du weißt den Weg für mich.

Klagegebet aus dem Evangelischen Gesangbuch
der Evangelischen Landeskirche in Baden,
Nr. 842,1

Warum sind in den Gebet oben so viele „Aber"?
Die drei Gebete von einzelnen Betern unten
sind nicht nur Klagen, sondern auch Fragen.
Was würdest du antworten?

Gott!
Wie ist das Leben mühselig.
Sollte es nicht Freude machen?
Antworte mir.
Amen.

Also weißt du, lieber Gott,
besser wär ja, wenn alle was zu essen hätten.
Nicht nur wir.
Könnte man das nicht besser verteilen?
Aber das ist wohl viel Arbeit, was?
Deine Maja

Ach, Gott, ich bin so müde.
Die Tage kommen und gehen.
Aber es geschieht nichts Neues.
Ich langweile mich, Gott.
Kannst du nichts dagegen tun?

M4 Sprachlos im Leid

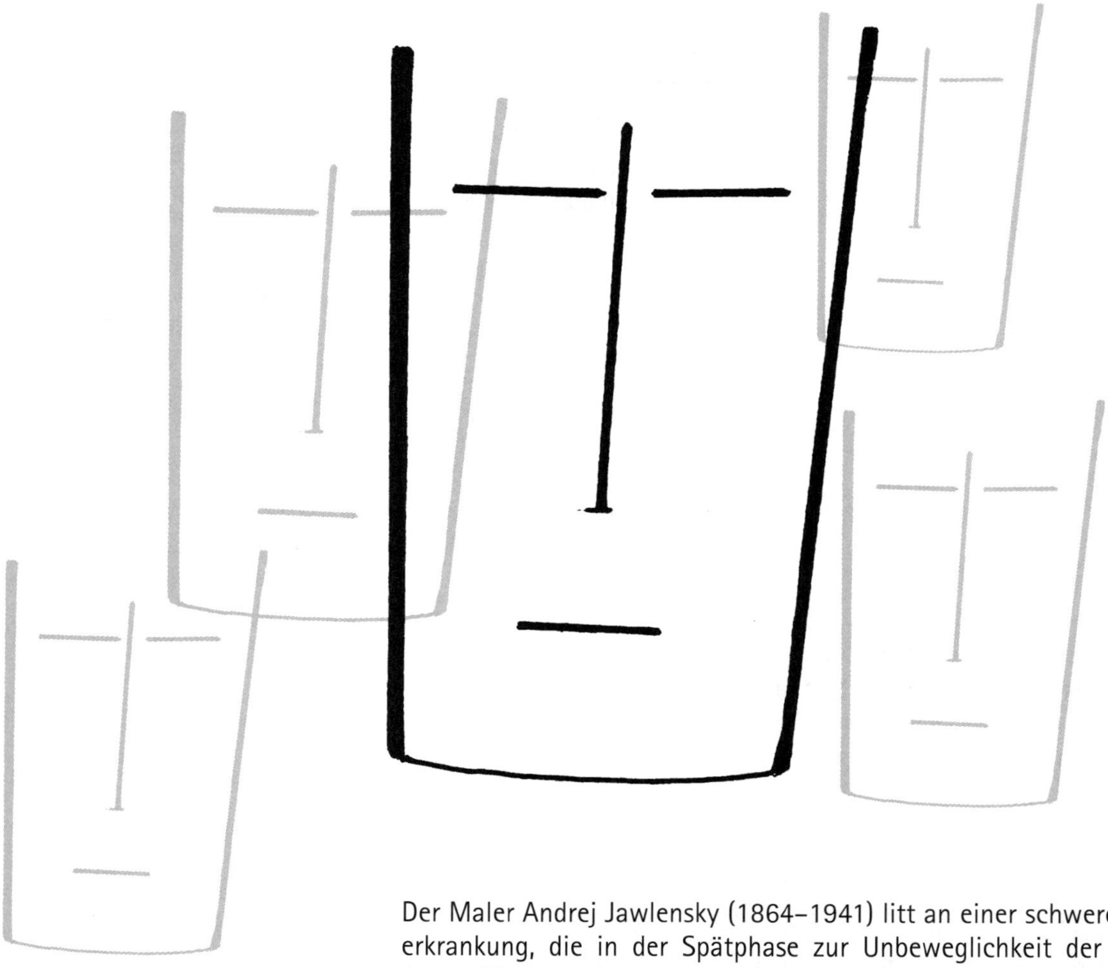

Der Maler Andrej Jawlensky (1864–1941) litt an einer schweren Rheumaerkrankung, die in der Spätphase zur Unbeweglichkeit der Hände und Arme führte, sodass er den Pinsel an den ausgestreckten Armen unter Bewegung des ganzen Oberkörpers senkrecht und waagerecht halten musste.

Jawlensky malt Gesichter, immer die gleiche Grundstruktur („Auge, Auge, Nase, Mund"), und zeigt Gefühle durch Farben.

Verwende das „Schema" und zeichne – ohne Worte – Schmerz, Leid, Klage.

Aus Martin Luther, Kleiner Katechismus | M5

Ich glaube an Gott, den Schöpfer ...

Was ist das?

Ich glaube, daß mich Gott geschaffen hat sampt allen Kreaturn,
mir Leib und Seel, Augen, Ohren und alle Glieder,
Vernunft und alle Sinne gegeben hat und noch erhält,
dazu Kleider und Schuch, Essen und Trinken,
Haus und Hofe, Weib und Kind, Acker,
Viehe und alle Güter, mit aller Notdurft und Nahrung
dies Leibs und Lebens reichlich und täglich versorget ....

Lies Luthers Erklärung zum Anfang des Glaubensbekenntnisses.
Wie geht er vor? Worauf kommt es ihm an?

Versuche eine eigene Erklärung: Spüre dem nach, was du in deinem Leben alles hast und brauchst.
Ist das selbstverständlich da?

M6a Danke

1 Danke, für diesen guten Morgen,

____

Danke, dass ich ______________________

2 Danke für alle guten Freunde,

danke ______________________

Danke, wenn auch ______________________

3 Danke für meine Arbeitsstelle,

danke für jedes kleine Glück.

Danke für______________________

____

4 Danke für manche Traurigkeiten, .

danke ______________________

Danke,______________________

____

EG 334, 1–4: Schlag im Gesangbuch nach und fülle aus. Dabei entdeckst du, wie viel es ist, wofür man danken kann. Fällt dir noch mehr ein?
Texte weiter.

5 Danke ______________________

danke ______________________

Danke,______________________

____

Ich hab mich nie gefragt, ob es wichtig ist,
ob die Welt auch hält, was sie mir verspricht.
Denn mal flieg ich hoch und mal fall ich tief.
Bin ein Kind der Geister, die ich rief.
Tage zu verbringen ist'ne Leichtigkeit
und 24 Stunden sind'ne Menge Zeit,
um jeden Morgen wieder'n neues Leben zu beginnen
und den Glauben daran durch die Nacht zu bringen.

Ich leb den Tag!
Ich öffne die Augen
und fang ihn von vorne an.
Einen Tag,
ganz in dem Glauben,
dass er alles bedeuten kann.

Laith Al-Deen

Vergleiche die Haltung, die der Sänger dieses Liedes erkennen lässt, mit dem Danke-Lied (**M6a**). Kennst du weitere Strophen? Du kannst im Internet nachschauen.

Kennst du andere Song-Texte, die vom Leben erzählen – als Geschenk oder als Zufall? Schreib sie auf – oder schreib einen eigenen Text:

M7 Kleiner Text

Ernesto Cardenal sagt:

**Unser tägliches kleines Leben
ist voller Wunder und Geheimnisse**

Unser tägliches kleines Leben
ist voller Wunder und Geheimnisse

Unser tägliches kleines Leben
ist voller Wunder und Geheimnisse

Unser tägliches kleines Leben
ist voller Wunder und Geheimnisse

Vorschlag: Such dir eine Fassung des Spruchs aus, schneid ihn aus – verschenk ihn, trag ihn mit dir rum – oder leg ihn beiseite – Was kann das nützen?

Lernweg 2: 5./6. Klasse

Beichte

Manchmal zeigen sich
dunkle Spuren im Leben,
etwas bedrückt mich,
lässt mich nicht so frei sein,
wie ich möchte.
Der zweite Lernweg
geht diesen Erfahrungen nach,
gibt ihnen Raum
auch für das,
was sich nur schwer in Worte
fassen lässt;
spürt der Vergebung und
Befreiung nach;
schafft Raum für
Neues und
Ungeahntes.

Religionsunterricht als Raum,
in dem Schülerinnen und Schüler Kompetenz
gewinnen in der diskursiven Annäherung
an die Frage:
Vergebung und Befreiung – für mich?

Bezug zum Kleinen Katechismus

Für Gott soll man aller Sunden sich schuld geben, auch die wir nicht erkennen, wie wir im Vaterunser tun. / Aber fur dem Beichtiger sollen wir allein die Sunden bekennen, die wir wissen und fühlen im Herzen. (Auslegung zur Frage: Welche Sunden soll man denn beichten?)

Grundlegung: Lernen, ein Sünder zu sein

Beichte ist ein sperriges Thema im Kontext des Religionsunterrichts und doch bringt sich mit der Beschäftigung an diesem Thema *etwas* zum Ausdruck, das für das Lernen christlicher Religion nicht übergangen werden kann. Etwas – was heißt das? Einmal war es Martin Luther ein großes Anliegen an der Beichte festzuhalten, weil er gesehen hat, dass Menschen bedürftig sind, Orte und Räume zu finden, in denen Schuld bekannt wird (ob sie nun klar ausgesprochen wird oder ob sie vor Gott gestellt wird, ohne eine eigene Sprache dafür zu haben). Zum anderen führt die Beichte hinein in Grunderfahrungen des Lebens, die auf das Unabgegoltene, Schuldige und Unbewältigte in Lebensgeschichten gerichtet sind. Christoph Gestrich beschreibt diese Realität als einen Verlust des Glanzes in der Welt: Da schieben sich Ereignisse und Erfahrungen in einer Lebensgeschichte oder auch im öffentlichen Leben in den Vordergrund und nehmen dem Leben, dem gemeinsamen Leben und dem Leben des Einzelnen seinen Glanz, seine Würde und seine Hoffnung. Etwas – das ist von Luther eindrücklich gefasst: Es ist Schuld, die nicht erkannt wird und doch auf dem gemeinsamen Leben lastet; etwas – das ist Schuld, um die Menschen wissen und die sie „im Herzen fühlen". Auf beide Aspekte bezieht sich Luther, beide ergreifen im Leben Raum: nicht erkannte Schuld und Schuld, die sich zeigt, die unablässig die Gedanken verpflichtet, Schuld, die im Herzen gefühlt und gespürt wird.

„Was Sünde und Verstricktsein in das Böse bedeutet, wird auch in der urchristlichen Verkündigung nicht im Sinne einer vorgängigen Aufklärung erörtert, vielmehr wird angesichts der Heilszuwendung Gottes erkennbar, in welche Verlorenheit der Mensch geraten ist. Im Lichte des Rettungsgeschehens wird der Blick auf ein erneuertes Leben freigegeben. Aufgrund der Heilsteilhabe wird wahres Leben im Sinne der Geschöpflichkeit wieder realisierbar." (Ferdinand Hahn: Theologie des Neuen Testaments, Bd. II, 2. Aufl. Tübingen 2005, 336). Die Beichte richtet sich auf die Erfahrung und das Verwickeltsein von Schuld, die – als Sünde gelesen (Lernen, ein Sünder zu sein) – aufgefangen ist in Gottes Gnade, die ein erneuertes Leben eröffnet.

Luther verweist in seiner Auslegung auf das Vaterunser, als einem Sprachangebot, das Menschen dazu befreit auch nicht erkannte Schuld und Schuldverstrickung anzuerkennen: Und vergib uns unsere Schuld. Das Vaterunser als das Gebet, das alle unsägliche und verdrängte Schuld ebenso einbezieht wie die Schuld, um die Menschen wissen und die Menschen im Herzen spüren.

Schuld zu bedenken, sie gleichsam vor Gott legen, das nimmt der Schuld die Unsichtbarkeit und das Lähmende, das ihr anhaftet. Das zu bedenken führt hinein in die Gegenwart, wo eine tiefe Hilflosigkeit herrscht in Blick auf Strukturen, die das Leben mit Schuld beschweren. Schuld, die sich der Erkenntnis entzieht – gerade darin ist sie so gewalttätig, weil sie so unsichtbar ist. Es gibt aber auch Ereignisse im Leben, die es unmöglich sein lassen, sie auszusprechen, weil Menschen dafür keine Sprache finden. In Seelsorgegesprächen ist es dann manchmal der Satz: „Das muss ich mit meinem Gott allein ausmachen". Dem haftet nun nichts an von Verdrängung eigener Schuld, sondern darin liegt etwas Heilsames für das je eigene Leben: dass es einen Ort, einen Raum gibt, wohin ich meine Schuld hinbringen kann, wo ich sie Gott übereigenen kann und seinem Urteil übergebe.

Zugleich braucht es auch Räume zum Gespräch: Jemanden haben, mit dem ich reden kann, darauf ist die Beichte ausgerichtet, die das Herz des Menschen in die Befreiung von der drückenden Last der Schuld, aber auch von der nebulösen und uneindeutigen Schuld, in die Menschen verstrickt sind, führt.

Die Beichte will erfahrbar machen, dass die Vergangenheit nicht die Zukunft zerstört. Sie will das Leben befreien zu einer guten Zukunft aus Gott, der das eigene Leben wieder neu ausrichtet, wie es in Psalm 31,9 heißt: „Du stellst meine Füße auf weiten Raum". Dieser Psalm erinnert nicht von ungefähr an den Schöpfungsraum, der so von Gott eingerichtet ist, dass Menschen darin leben können: In aller Schuld und aller Verstrickung bleibt er ein Raum *des Lebens*, der immer wieder neu Räume zum Leben eröffnet.

Profil: Ich darf Fehler machen, ich muss nicht perfekt sein und nicht allem genügen

Religionsunterricht vom KlKat her muss sehr bescheiden beginnen, wenn er sich diesem großen Thema zuwendet: Der Vollzug der Beichte im Gottesdienst der Gemeinde, die Beichte im Seelsorgegespräch – hier hat Beichte ihren unmittelbaren Ort. Im Religionsunterricht kann darauf nicht unmittelbar zugegangen werden, sondern es bedarf didaktischer Wege, die in die Erfahrung der Beichte führen.

Mit der Hinwendung zum Unterricht und zu den Schülerinnen und Schülern wird deutlich, dass Beichte in ihrer Lebenswelt nicht als solche Raum gewinnen muss. Bereits die Beschäftigung mit den Aspekten der Beichte kann Schülerinnen und Schüler Wege zeigen, um Schuld nicht im Unartikulierten zu belassen – um sprachfähig zu werden. Man könnte auch sagen: Unterricht eröffnet einen Sprachgewinn in Hinblick auf das, was sie im Herzen fühlen, was ihr Leben beschwert und unfrei macht.

Darauf geht dieser Lernweg zu, dass Schülerinnen und Schüler Anteil gewinnen und teilnehmen an der Lebensform des Glaubens, die aus der Erfahrung der Beichte lebt. Das geschieht in der Hoffnung, dass sie entdeckend und erprobend den Wegen folgen lernen, die in die Erfahrung des Psalmbeters führen: „Du stellst meine Füße auf weiten Raum".

„In die Erfahrung von Befreiung und Vergebung hineingehen" – dieser Lernweg rührt an die seelsorgliche Dimension, die die Unterrichtsprozesse im Religionsunterricht immer auch aufsuchen: In einer Zeit der Forderung nach individuellen Lebensentwürfen, die das Individuum so sehr auf sich selbst behaften – auch die Schülerinnen und Schüler – ist es geradezu gefordert, ein Vertrauen in das Leben anzubahnen, das auch dann seine Würde behält, wenn Scheitern und Versagen größer sind als das Gelingen des Lebens.

Schulderfahrung, Schuldgefühle reichen über moralisches Versagen und gesellschaftlichen Belastungen hinaus und beziehen Dimensionen eigener Lebenserfahrung ein, die dauerhaft und hilfreich Unterstützung brauchen:

„Nicht *sündig zu sein*, sondern *nicht gut genug zu sein* gegenüber den strengen Anforderungen der Individualitätskultur, das ist das damit verbundene Belastungserlebnis. Die Erlebnisform von Sünde, so könnte man sagen, ist nicht mehr die Übertretung einer moralischen Norm, sondern das Verpassen einer Chance zur eigenen Identitätsfindung, zur Attraktivitäts- und Individualitätssteigerung. Dieses Verpassen ist allerdings fest programmiert, denn wo ein Zwang zur Individualität herrscht, streicht sie sich selbst durch, wird sie systematisch verfehlt." (Bernhard Dressler: Wie bilden sich heute religiöse Identitäten?; in: PTh 87, 236-252, 245).

Damit sind Lernwege zu gehen, die Schülerinnen und Schüler befähigen das Leben angesichts von Verstrickungen und vermeintlichemVersagen nicht aus den Augen zu verlieren. Haben sie die Möglichkeit zum Reden und Sprechen über das, was sie bedrückt und belastet? Haben sie Räume für das, was sich nur schwer in Sprache fassen lässt?

Der Unterrichtsweg Beichte geht darauf zu, dass Schülerinnen und Schüler in anfänglichen Schritten den Blick auf eigene Schuld und Schulderfahrungen wagen. Es gilt den Versuch, das eigene Misslingen und Scheitern nicht als *unwürdig* abzutun, sondern als einen realistischen Blick auf das eigene und gemeinsame Leben neu verstehen zu lernen: *Ich darf Fehler machen.* Ebenso wird ein Blick auf die Räume zu eröffnen sein, die Leben inmitten von Scheitern und Schuld eröffnen, damit die Kinder Ahnungen gewinnen von der Gnade Gottes, die heilsam das Leben umfängt.

Vor allem *ästhetische* Lernprozesse können es sein, die ermöglichen, Schuld zur Sprache zu bringen. Sie eröffnen zudem den Blick auf Neues und noch Ungeahntes inmitten von Schuld und Verstrickung. Die Rede vom Verlust des Glanzes in der Welt ist dabei didaktisch zu nützen, indem Schuld als Dunkles und als Beschwerendes, die Wiederkehr des Glanzes in der Welt aber als Helles, als die Befreiung zum Leben, interpretiert wird.

Entfaltung: Beichte

Mit Konflikten leben lernen

Konflikte werden mit Schülerinnen und Schülern aufgespürt, indem sie das Bild (M1) betrachten.

- In *Einzelarbeit* entdecken die Schülerinnen und Schüler, worum es bei dem abgebildeten Konflikt geht; Ergebnisse werden im anschließenden Unterrichtsgespräch *kurz* ausgetauscht. Was passiert auf dem Bild?
- Anregung durch die Lehrkraft: „Da ist etwas durcheinander gekommen."
- *In eine Konfliktgeschichte hineingehen:* Schülerinnen und Schüler schreiben zum Bild eine Geschichte. Wer möchte, kann sie im anschließenden Gespräch vorlesen/oder erzählen.
- *Den Gefühlen eine Farbe geben:* Die Schülerinnen und Schüler gehen in die von ihnen geschrieben Geschichte hinein und suchen die Gefühle auf, die dabei spürbar werden. Die Geschichte kann man gliedern: Problem – Wut – Versöhnung: Jetzt soll es um die Gefühle gehen, die sich in den Geschichten widerspiegeln.
- Die Schülerinnen und Schüler *zeichnen* drei rechteckige Felder in ihr Heft und geben dem Problem eine Farbe, der Wut und der Versöhnung.
- *Austausch über die Farben:* „Mit welchem Feld/Farbe bist du bestens vertraut?"

Vom KlKat her – das Verborgene der Schuld erspüren

Der KlKat wird hier einbezogen, indem die Erfahrung von Vergebung und Befreiung in ästhetisch-wahrnehmender Form an Kunstwerken thematisierbar wird: Weil das Verborgene von Schuld nicht unmittelbar erkannt werden kann, spüren die Schülerinnen mit den beiden Kunstwerken (Wolfgang Schoberth, 1992) dem nach (M2 und M3). Die Titel der beiden Kunstwerke helfen den Schülerinnen und Schülern, sich auch mit einem abstrakten Bild zurechtzufinden: Das erste heißt „Netze", das zweite „Licht in der Finsternis". Dabei gilt es zu beachten, dass die Wahrnehmungsebenen unterschieden werden. Die Struktur und Gestalt des Kunstwerkes lässt sich beschreiben. Das kann dann auch im Unterrichtsgespräch ausgetauscht werden. Die Schülerinnen und Schüler gehen den weiteren Arbeitsaufgaben nach und spüren in Stillarbeit für sich nach, was sie dabei bewegt – *ohne* dass sie darüber Auskunft geben.

Einen Psalm ausschreiten und Bilder der Schuld auffinden

Nach der ästhetischen Arbeit an den beiden Kunstwerken begegnen die Schülerinnen und Schülern Sprachformen für das Dunkle im Leben. Dabei führt die Lehrkraft mit eigenen Worten in die Erfahrung von Dunkel im Leben ein: Ein Mensch kommt zur Sprache, der diese Erfahrungen in bestimmte, besonders eigene Worte gefasst hat.

- *Hinführung:* Ihr habt über die Frage nachgedacht: „Was ich im Herzen fühle". Ich will euch von einem Menschen erzählen, wie er das für sich aufgeschrieben hat: „Mein Auge ist trübe geworden vor Gram, matt meine Seele und mein Leib. Denn mein Leben ist hingeschwunden in Kummer und meine Jahre in Seufzen. Meine Kraft ist verfallen durch meine Missetat, und meine Gebeine sind verschmachtet ... Ich bin geworden wie ein zerbrochenes Gefäß ..." (Psalm 31, 10b–11.13b; s. M4).
- *Nachspüren dieser Lebensgeschichte:* Wie muss er sich fühlen?
- *Imaginieren:* Was für eine Geschichte hat er wohl erlebt?
- Aufsuchen metaphorischer Sprache: Was für ein Bild gebraucht er, um seine Situation zu beschreiben? Gibt es andere Bilder, die euch einfallen?
- *Wort-Collage:* Die Schülerinnen und Schüler erstellen auf dem Arbeitsblatt eine Wort-Collage mit dem aufgefundenen Bild: „wie ein zerbrochenes Gefäß". (z.B. gebrechlicher Mensch, Kranker, Einsamer, Schuldiger, Asylant, einer von Umweltkatastrophen Bedrohter, Kind von Scheidungseltern ...).

Erspüren der neuen Dimensionen des Lebens – Das Vergangene zerstört nicht meine Zukunft

Die Lehrerin schreibt nun an die Tafel den Eingangs- und Schlussvers zu der Geschichte, die sie gehört haben:

Dieser Satz steht am Anfang: Herr sei mir gnädig, denn mir ist angst! (Psalm 31, 10)

Dieser Satz steht am Schluss: Ich aber, Herr, hoffe auf dich und spreche: Du bist mein Gott. (Psalm 31, 15)

- *Hineinversetzen* in die Situation des Psalmbeters: Wie verändert sich durch diese beiden Sätze seine Not?
- *Teilnehmen an der Lebensgeschichte des Psalmbeters:* Er hat Angst. Er wendet sich an Gott; auf ihn hofft er in seiner Situation.
- *Bezug auf die fünfte Bitte des Vaterunsers:* Die Lehrkraft schreibt ohne einen Impuls auf die andere Tafelseite die Bitte: „Und vergib uns unsere Schuld, wie auch wir vergeben unseren Schuldigern."
- *Anregung und Partnerarbeit:* „Überlegt in Partnerarbeit, was diese Bitte aus dem Vaterunser mit dem Menschen zu tun hat, von dem ihr gehört habt. Achtet auf das wichtige Wort ‚vergib uns unsere Schuld'." Die Schülerinnen und Schüler sprechen in Partnerarbeit über die Vaterunserbitte. – *Zwischenbemerkung:* Dabei gehen sie im Gespräch dem Aspekt der Vergebung nach und beleuchten, angeleitet durch die Lebensgeschichte des Psalmbeters, sein Leben, das einen Raum für die bedrängende Situation gefunden hat. Vielleicht kommen sie dem auch auf die Spur, dass man ein Gegenüber braucht für eigene Schuld und eigene niederdrückende Erfahrungen.
- *Erinnerung an das Kunstwerk „Licht in der Finsternis":* Im gemeinsamen Gespräch wird dem nachgegangen, was Vergebung heißt; die mit dem Bild gewonnene Sprache unterstützt den Austausch über die Erfahrung der Vergebung, als einer Erfahrung, die das Leben wieder licht werden lässt, die Hoffnung schöpfen lässt: Das Vergangene zerstört nicht meine Zukunft (Erfahrung der Rechtfertigung).

Beichterfahrung anfänglich anbahnen – Jemanden zum Reden haben

Die mit dem Kunstwerk reflektierten Eindrücke werden nun vertieft, indem danach gefragt wird, wie es im je eigenen Leben erlebt wird, dass das Leben wieder hell wird, dass sich Neues und auch Ungeahntes zeigt. Dabei soll besonders das wichtig werden, was Luther in der Person des Beichtvaters benennt: dass ich jemanden brauche, mit dem ich reden kann. Auch dieses besondere Moment der Beichte kann nur sehr anfänglich aufgesucht werden. „Jemanden zum Reden haben" führt die Schülerinnen und Schüler zur Aufmerksamkeit auf eigene Bedürftigkeit und Hilfe.

Dafür ist nun zu sensibilisieren, dass Schülerinnen und Schüler mit sich Geduld haben, dass sie Fehler machen dürfen, dass auch mal etwas schief gehen kann, dass etwas peinlich sein darf, dass es Situationen gibt, in denen sie mit sich selbst nicht klar kommen (M5):

- *Einzelarbeit:* Überlege für dich allein: Mit wem kann ich über das sprechen, was mich bedrückt? (beste Freundin, Eltern, Vertrauenslehrerin, Sorgentelefon ...).
- *Einzelarbeit* mit Labyrinth von Chartre: Schülerinnen und Schüler können im Nachgehen des Weges im Labyrinth ein wenig Zeit finden und nachdenken: Überlege für dich allein: Mit wem kann ich über das sprechen, was mich bedrückt? Sie spüren den Möglichkeiten nach, die sie brauchen, wenn sie allein nicht weiterkommen, wenn sie alles in sich *hineinfressen.*
- *Gespräch:* Wenn ich jemanden habe, mit dem ich reden kann, was passiert dann mit mir? „Es geht mir dann besser"/„Man merkt, dass man nicht allein ist"/„Das wird schon wieder"/ „Daran merkt man, dass man Freunde hat".

Gemeinsam leben lernen – „wie auch wir vergeben unsern Schuldigern"

Mit der Beichte kommt auch das gemeinsame Leben in den Blick. 1 Kor 13, das Hohe Lied der Liebe führt vor Augen, wie das gelingen kann: Gemeinsam miteinander leben – das braucht Achtung und Respekt vor dem anderen.

- *Vaterunserbitte:* Der zweite Aspekt der fünften Vaterunserbitte kann mit der Arbeit an dem biblischen Text ausgelotet werden (M6)
- *Lesen des biblischen Textes:* Ein Schüler liest laut 1 Kor 13 vor.
- *Lesen des biblischen Textes:* Ein Schüler liest leise 1 Kor 13 vor.
- *Lesen des biblischen Textes:* Ein Schüler liest nur die kursiv gesetzten Worte vor.
- *Arbeitsblatt:* „wie auch wir vergeben unsern Schuldigern": Das gemeinsame Leben braucht die Vergebung untereinander, sonst wäre es kein Leben in der Liebe. Schülerinnen und Schüler versuche herauszufinden, was der Satz aus dem Vaterunser mit der *Liebe* zu tun hat, von der sie *gehört* haben. Im Plenum wird dieser Zusammenhang im Gespräch ausgetauscht.
- *Collage:* Zum Thema „gemeinsam miteinander leben" – diese Collage mit Bildern ergänzt und kontrastiert zugleich die Wort-Collage aus der Arbeit an dem Psalmtext (Psalm 31) und bringt wiederum im Bild gemeinsames Leben zum Ausdruck.

Janosch. Karte 163, Little Tiger Verlag GmbH

Beschreibe die Haltungen von Bär und Maus so genau wie möglich.
Was daran kommt dir bekannt vor?

Schreib eine Geschichte zu dem Bild: Nenne das *Problem.*
Überlege auch, welche *Gefühle* dabei eine Rolle spielen. Denk dir eine *Lösung* aus.

Meine Geschichte zum Bild:

M2 Was ich im Herzen fühle

Wolfgang Schoberth,
Netze, 1992

Das Bild heißt „Netze" – nimm Stellung zu diesem Titel. Wie würdest du es nennen?

Bringe das Bild in Verbindung mit dem Titel dieses Blatts: „Was ich im Herzen fühle".
Überlege: Zeigen sich in meinem Leben helle Linien/Spuren? Zeigen sich dunkle Linien und vielleicht Gitter?
(Was du hier überlegst, musst du im Unterricht nicht erzählen)

Wolfgang Schoberth,
Licht in der Finsternis, 1992

Das Bild heißt „Licht der Finsternis" – nimm Stellung zu diesem Titel.
Wie würdest du es nennen?

Überlege: Was zeigt sich hinter dem Dunkel des Bildes?
(Was du hier überlegst, musst du im Unterricht nicht erzählen).

M4 Einer erzählt

Mein Auge ist trübe geworden vor Gram,
matt meine Seele und mein Leib.
Denn mein Leben ist hingeschwunden in Kummer
und meine Jahre in Seufzen.
Meine Kraft ist verfallen durch meine Missetat,
und meine Gebeine sind verschmachtet. ...
Ich bin geworden wie ein zerbrochenes Gefäß. ...

Was für ein Bild malt dieser Mensch von sich und seiner Lage?

Such dir den ausdrucksstärksten Satz und schreib ihn in den Rahmen.
Umgib den Satz mit eigenen Worten für eine solche Lage.
Entstehen soll ein „Wort-Bild".

Überlege für dich allein: Mit wem kann ich über das sprechen, was mich bedrückt?

Nimm einen Bleistift und zeichne den Weg auf dem Labyrinth nach.
Was für Gedanken kommen dir unterwegs?

Angebot Sorgentelefon

Menschen, die keinen Ausweg sehen und niemanden haben, der weiterhilft, können sich kostenlos an die Nummer **0800/201440** wenden. Unterhaltet euch darüber: Was kann das nützen?

M6 Gemeinsam miteinander leben

Paulus schreibt an die Korinther (1 Kor 13,1.4–8a)

Wenn ich mit Menschen- und mit Engelzungen redete und hätte die Liebe nicht,
so wäre ich ein tönendes Erz oder eine klingende Schelle. ...

Die Liebe ist langmütig und freundlich,
die Liebe eifert nicht,
die Liebe treibt nicht Mutwillen,
sie bläht sich nicht auf,
sie verhält sich nicht ungehörig,
sie sucht nicht das Ihre,
sie läßt sich nicht erbittern,
sie rechnet das Böse nicht zu,
sie freut sich nicht über die Ungerechtigkeit,
sie freut sich aber an der Wahrheit;
sie erträgt alles,
sie glaubt alles,
sie hofft alles,
sie duldet alles.
Die Liebe hört niemals auf ...

Mit deinen eigenen Worten: Was ist das für eine Liebe, die Paulus beschreibt?
Bringe deine Gedanken in die Form eines kleinen Gedichts: Elfchen oder Haiku.

...wie auch wir vergeben unsern Schuldigern –
Was hat dieser Satz aus dem Vaterunser mit der Liebe zu tun, die Paulus beschreibt?

....
....
....
....
....

— — — — —
— — — — — — —
— — — — —

Beim Elfchen werden Wörter gezählt (s. oben),
beim Haiku Silben (s. links).

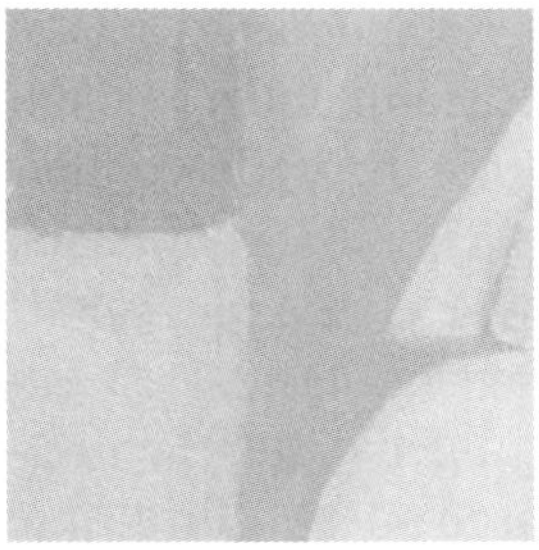

Lernweg 3: 7./8. Klasse

Mensch

Ein wenig schon zeigt sich der Mensch:
du,
ich,
wir,
wer auch immer;
er ist in Würde gekleidet.
Dem geht dieser dritte Lernweg nach,
spürt
dem Wort
Würde
nach –
Schutzraum
für
dich,
mich,
uns
alle.

Religionsunterricht als Raum,
in dem Schülerinnen und Schüler Kompetenz
gewinnen in der diskursiven Annäherung
an die Frage:
Würde als ein von Gott zugedachter Schutzraum – für mich?

In Zusammenarbeit mit Raphaela Trötsch

Bezug zum Kleinen Katechismus

Ich gläube, daß mich Gott geschaffen hat (Auslegung zum ersten Glaubensartikel).

Grundlegung: Würde als ein dem Menschen zugedachter Schutzraum

Gott sprach: Lasset uns Menschen machen, ein Bild, das uns gleich sei, die da herrschen über die Fische im Meer und über die Vögel unter dem Himmel und über das Vieh und über alle Tiere des Feldes und über alles Gewürm, dass auf Erden kriecht. Und Gott schuf den Menschen zu seinem Bilde, zum Bilde Gottes schuf er ihn (Gen 1,26f.).

Zwei Dinge prägt der erste Schöpfungsberichts seinen Hörern unmissverständlich ein: Gott schuf den Mensch zu seinem „Ebenbild"; und zugleich: Gott schuf den Menschen, damit er herrsche über die Mitgeschöpfe in der Welt. Dies ist der Text, auf den sich jede Rede von der Gottesebenbildlichkeit des Menschen bezieht.

Karl Barth betont, dass diese Gottesebenbildlichkeit nicht in *irgendetwas am Menschen* besteht; sie liegt vielmehr als etwas nicht Aufweisbares *auf dem Ganzen des Menschen.* In der reformatorischen Tradition ist die Würde des Menschen, die ihm aus der Gottesebenbildlichkeit zukommt, nicht bestimmt als eine vorfindliche Gestalt, sondern sie hat immer einen über sich hinausweisenden Bezug. Ebenbild Gottes zu sein, das ist, so verstanden, Auszeichnung und Geschenk und schließlich auch eine hohe Verantwortung.

Mit der Gottesebenbildlichkeit kommen verschiedene Aspekte in den Blick: das Personsein des Menschen, seine Würde und sein Herrschaftsauftrag über die Schöpfung.

Im Unterricht haben diese verschiedenen Aspekte ihren Raum. In diesem Zusammenhang soll besonders der Aspekt der Würde die Rede von der Gottesebenbildlichkeit erschließen. Der Mensch besitzt diese Würde nicht wie eine Eigenschaft oder einen Teil seines Wesens, sondern sie ist ein dem Menschen zugesagter, zugedachter Schutzraum. Darum kann der Mensch diese Würde nie verlieren – auch wenn sie ihm abhanden zu kommen scheint und er Erfahrungen ausgesetzt ist, die ihn würdelos erscheinen lassen.

Würde als Geschöpf und Ebenbild Gottes – das ist eine besondere Beziehung zu Gott und eine Verheißung, für das gemeinsame Leben der Menschen untereinander. Die Rede von der Würde des Menschen gibt ihn damit zugleich als private und öffentliche Person zu erkennen. Dieser Zusammenhang muss von ihm selbst immer wieder abgestimmt werden: Was für mich als Mensch gilt, das muss auch das gemeinsamen Leben miteinander gestalten: Das heißt unter anderem, dass ich Menschen nicht wie Dinge behandeln, nicht funktionalisieren, nicht Interessen unterordnen oder „opfern" darf – noch gutheißen, dass so etwas geschieht.

Die menschliche Würde gewinnt damit im gemeinsamen Leben Gestalt und prägt das Leben miteinander.

Die Kindertaufe und die Beerdigung sind liturgische Vollzüge, die stellvertretend dann für die Würde des Menschen eintreten, wenn er selbst für die Abstimmung dieser Würde und damit für sein Personsein noch nicht oder nicht mehr eintreten kann; sie machen transparent, wie bedeutsam die Rede von der Würde des Einzelnen ist: Ausgehend von ‚Extremlagen' wird auf ein Verstehen der Würde zugegangen, damit die Aufgabe der Pflege und Achtung der Würde des Menschen deutlich wird. Insofern sind Taufe und Beerdigung wichtige Themen eines Unterrichts über das Reden von der Würde des Menschen und werden hier entsprechend entfaltet.

Dagegen soll die politische Rede von der Menschenwürde ausgespart bleiben; der einzelne Mensch in seiner Würde steht im Vordergrund. Freilich wäre zu überlegen, ob im Anschluss an diese Einheit auf die *Menschenrechte* Bezug genommen werden kann, die noch einmal in besonderer Weise die Würde des Menschen und sein Personsein im öffentlichen Raum zum Thema machen.

Profil: Die Würde des Menschen – ein unbekannter Begriff

Das Thema führt in die theologische Rede von der Würde des Menschen ein. Würde ist sicherlich ein Begriff, den Schülerinnen und Schüler kaum gebrauchen. Damit die Schülerinnen und Schüler mit ihm umgehen können, muss ein erstes Verstehen angebahnt werden: Es geht um Würde als einem Schutzraum, in den jeder Mensch gestellt ist – sowohl im Hier und Jetzt als auch immer. Zusage und Verheißung – das sind die Kategorien, in denen mit Schülerinnen und Schülern über Würde nachgedacht wird.

Hier eröffnet sich ihnen eine genuin religiöse Sicht auf den Menschen, der gerade nicht allein auf sich gestellt ist, sondern dem aus der Beziehung zu Gott eine besondere Würde zukommt, für die Gott selbst sich verbürgt.

Mit der besonderen Konzentration auf die Würde des Menschen, die in der Beerdigung von der Gemeinde aufrechterhalten wird, werden liturgische Vollzüge der Kirche für Schülerinnen und Schüler transparent. Zugleich wird hier ein im Religionsunterricht oft vergessenes Thema aufgenommen: Das Geschehen zwischen Sterben und Trauer wird zum Unterrichtsgegenstand (vgl. dazu Gestalteter Glaube. Liturgisches Lernen in Schule und Gemeinde, hg. von Bärbel Husmann und Thomas Klie, Göttingen 2005, bes. 187–200). Die Beschäftigung mit Würde als ein für Schülerinnen und Schüler wenig vertrauten Begriff bleibt im Zusammenhang mit der Beschäftigung der Beerdigung nicht abstrakt, sondern gewinnt Konkretion.

Entfaltung: Die Würde des Menschen wahrnehmen lernen

Textarbeit: „Ich komm von dir nicht los"

Der meditative Text (M1) führt in das Nachdenken über die Beziehung von Schöpfer und Geschöpf ein – das abschließende „Ich komm von dir nicht los" deutet an, was theologisch als „Verheißung" erkannt werden kann. Die Schülerinnen und Schüler erkunden, was der Text für eine Einschätzung des „Würde" der Geschöpfe austrägt. Anschließend beziehen sie ihre Entdeckungen auf die beigefügten theologischen Stichworte und lernen so einen ersten Umgang mit „Würde", „Person" und „Gottesebenbildlichkeit".

Zur *Auswertung* der Arbeit an M1 kann erneut mit dem KlKat argumentiert werden: „Ich gläube, daß mich Gott geschaffen hat": Die Schülerinnen und Schüler spüren dem Schutzraum nach, der sie umgibt.

Vom KlKat her: der Würde als Schutzraum nachspüren

Schüler spüren dem Schutzraum nach, der sie umgibt. Die Rede von der Würde des Menschen, die in seiner Ebenbildlichkeit gründet, soll nun weiter ästhetisch (vom KlKat her) erschlossen werden:

Die Schülerinnen und Schüler malen ein *Bild* von einem sie schützenden Raum. Sie zeigen und erläutern ihre Bilder, falls sie das mögen, und spüren dem, was sie umgibt, nach.

Dazu kann sich ein Gespräch entwickeln: Bin ich mir immer dessen bewusst? Kann das für mich gar nicht gelten?

Realisation: Würde im Leben und im Sterben
(Beerdigungsagende)

Die Lehrkraft gibt folgende Information: Würde ist etwas, das mich umgibt; in der Kirche gibt es Kasualien, die für die Würde des Menschen dann einstehen, wenn er sie noch nicht oder nicht mehr selbst für sich wahrnehmen kann.

Die Schülerinnen und Schüler werden mit einem Auszug aus der Beerdigungs-Agende konfrontiert (M2). Die liturgischen Formeln sollen gesprochen und somit im Gebrauch kennen gelernt werden. Das geschieht in kleinen Schritten:

- Die Sch. gehen den Text im Stillen durch und achten darauf: Wo bleibe ich hängen, welche Stelle beschäftigt mich besonders? Diese Stelle markieren sie mit Farbe. Daran schließt sich ein Gespräch an.
- Die Sch. reflektieren:
  - Wer ist angesprochen? (Gemeinde, Familienangehörige, der/die Verstorbene, Gott Vater, Sohn und Heiliger Geist)
  - Was tut die Gemeinde? (singen, beten in Dank und Fürbitte, begleiten zum Grab, usw.)
  - Was tut der Pfarrer? (einleitendes Wort, Aufforderung zum Gebet, Bestattungswort, Auferstehungswort)

- Nach der Beantwortung der Fragen geht es um den inneren Zusammenhang dieses liturgischen Weges: „Könnt ihr einen Zusammenhang in dieser Abfolge des Gottesdienstes feststellen? Was ist euch dabei vertraut, was tut gut, was ist daran fremd?"

Zur Vertiefung dient der Text M3: Er stimmt auf die kirchliche Praxis ein und vertieft das Thema Würde des Menschen, die stellvertretend von der Gemeinde bei der Beerdigung aufrechterhalten wird.

Recherche: Friedhöfe kennen lernen

Dieser Lernweg kann ergänzt werden durch Bilder von verschiedenen Friedhöfen und/oder durch Grabsteine und Inschriften, die miteinander besprochen werden. Dazu bietet sich eine Recherche im Internet an: Über die Suchmaschine google.de kann man mit dem Stichwort „Friedhofsbilder" viele Seiten erreichen und verschiedene Bilder anklicken.

M4 bietet ergänzend oder alternativ Texte, die zur Auseinandersetzung mit dem Thema „Tod und Würde" anregen.

Für einen Unterrichtsgang auf den Friedhof ist es sinnvoll, sich im Vorfeld über „Verhaltensregeln" auszutauschen, die die Schülerinnen und Schüler selbst formulieren: „Ich stelle mir vor, dass ich mich dort so und so bewege."

Exkursion: Besuch eines Friedhofs

Am Friedhof wird ein Anleitungsblatt ausgegeben: „Let's walk and talk together" (M5). Die Schülerinnen und Schüler gehen je zu zweit oder zu dritt auf dem Friedhof spazieren und erspüren die Atmosphäre auch im gemeinsamen Gespräch.

In der Friedhofskapelle finden sich nach einiger Zeit alle ein: ein Meditationsblatt wird ausgegeben (M6) und diese Texte im Stillen meditiert. Die Lehrkraft fasst die kurze stille Zeit in einem Gebet zusammen (M7): Dann geht es wieder zurück in die Schule.

Nachbereitung des Friedhofsbesuchs

Eindrücke und Stimmungen werden nach dem Besuch am Friedhof ausgetauscht und Bezüge hergestellt zu den bisherigen Textarbeiten: Die Leitfrage von M4 kann hier vertiefend aufgegriffen werden. Der Begriff der Gottesebenbildlichkeit wird aufgegriffen und gefüllt. Das Meditationsblatt für den Friedhof und seine biblischen Bezüge sind als Ausgangspunkt für die Weiterarbeit gut geeignet.

Auf dem Hintergrund der bisherigen Erfahrungen am Thema kann mit den biblischen Texten der Erfahrungsreichtum ausgeschritten werden, der sich dort manifestiert. Der theologische Zusammenhang wird konkretisiert.

Weiterführen:
Die Rede von der Würde des Menschen

Mit der Beschäftigung der Beerdigungsagende haben die Schülerinnen und Schüler eine Ahnung davon gewonnen, wie liturgische Vorgaben dazu anleiten und Raum geben, für die Würde des Menschen stellvertretend einzutreten, gerade dann, wenn er dafür noch nicht oder nicht mehr selbst eintreten kann. Ein wichtiges Element ist das *namentliche Erinnern.* Person ist, wer einen Namen hat, wer *persönlich* genannt und gerufen werden kann.

Es ist sinnvoll, in diesem Zusammenhang z.B.

- von *Memorbüchern* zu erzählen: Im Judentum gibt es die Tradition, Verstorbene in Memorbücher einzutragen, deren Namen an Gedenktagen vorgelesen werden (M8);
- Gedenktafeln der Opfer des Holocaust zu lesen;
- von Synagogen zu erzählen, wo Memorbücher zu finden sind, in denen die Namen und Adressen verschleppter jüdischer Gemeindeglieder aufgeführt sind (u.a. Synagoge in Essen).

Erspüren: Wie können sich Sch. ihrer eigenen Würde innewerden und diese artikulieren?

Im weiteren Verlauf versuchen die Sch. dem auf die Spur zu kommen: „Mein Leben ist von Würde bestimmt".
Fragend: Was heißt das für mich? Ich bin nicht austauschbar, bin jemand ganz besonderes.
Kreativ: Welche Farbe hat für mich Würde? Wie würde ich meine Würde malen? – z.B.: Warme, gelbe Farbe, die mich umgibt; Rote Farbe, da ich um meine Anerkennung zu Hause immer kämpfen muss.
Affirmativ: Aufmerken auf meine mir zukommende Würde: So, wie ich bin, ist es gut!

M1 Schöpfer und Geschöpf

Der Schöpfer staunte ...

Ein Klumpen Ton in meinen Händen.
Ich kann dich spüren, erdig, kühl.

Ich kann dich formen,
wie ich will. Bist ja in meiner Hand.

Ich fühl dich. Doch ich seh noch nicht,
was meine Hände tun.

Ich überlass dich meinen Händen.
Ob sie wohl wissen, was ich will?

Du Klumpen Ton in meinen Händen.
Hast du nun schon Gestalt bekommen?

Und jetzt: Was ist aus dir geworden –
Mensch? Ja, wollte ich dich so?

Ton-Mensch. Ich glaube, ich erkenn dich
nicht. Du bist sehr eigen, du bist du.

Sieh mich doch an. Ich seh dich auch –
Wie? Willst du anders, als ich wollte?

Und doch: Ich komm nicht von dir los.
Bist Teil von mir – durch meine Hände.

Martina Steinkühler

Person. Einzeln, unverwechselbar, einmalig. Hat einen Namen, einen Willen.

Würde. Wert eines Menschen. Bemisst sich nicht nach Leistung, Schönheit oder sonstigem Äußerlichen. Sondern zeigt sich in der Unverwechselbarkeit der Person.

Gottesebenbildlichkeit. Der Schöpfungsglaube sieht in jedem Geschöpf die Handschrift des Schöpfers.

Der Schöpfer formt sich im Menschen ein Gegenüber *nach seiner Art* – in jeder Person eigen und neu. Die Mühe, Fantasie und Liebe, die Gott dabei aufwendet, macht den unaufhebbaren Wert eines jedes Menschen aus.

Lies die „Gedanken des Schöpfers" – Was denkt er beim Formen? Was denkt er beim Anblick des Ergebnisses? Warum „kommt er nicht los"?

Wenn du Geschöpf bist, in den Händen des Schöpfers geformt – was bedeutet das für deinen Wert? Für deine Möglichkeiten? Hoffnungen? – Vergleiche mit den Rand-Texten.

In der Kirche/Friedhofshalle

Glockengeläut
Musik zum Eingang

Im Namen Gottes,
des Vaters und des Sohnes und des Heiligen Geistes

Amen

Liebe Gemeinde,
wir sind zusammengekommen,
weil wir Abschied nehmen müssen von ___________________.
Mit diesem Gottesdienst, liebe Familie ___________________ und liebe Angehörige,
nehmen wir teil an Ihrer Trauer (und Ihrem Schmerz). Wir suchen Trost aus Gottes Wort.

Lied der Gemeinde

Allmächtiger und barmherziger Gott,
du hältst Leben und Tod in Deiner Hand.
Dir vertrauen wir uns an.
Du vergibst Schuld.
Du machst vergängliche Menschen zu Werkzeugen deiner Liebe.
Wir danken dir für allen Segen,
den du in das Leben von ___________________ gelegt hast.
Wir bitten Dich:
Tröste uns und alle, die sie/ihn lieb hatten.
Bleibe bei uns, wenn die Trauer über uns zusammenschlägt.
Bewahre uns vor Einsamkeit.
Und wenn wir sterben müssen, dann gehe mit uns.
Du schenkst das Leben neu durch Christus, unseren Herrn.
Amen.

Gang zum Grab

Wir begleiten ___________________ auf seinem/ ihrem letzten Weg.
Wer durch ihn/ sie Gutes erlebt hat, wen sie/ ihn lieb hatte, danke Gott dafür.
Wer von ihm/ ihr enttäuscht oder verletzt wurde, vergebe ihr/ ihm.
Wer ihr/ ihm Unrecht getan, wer ihm/ ihr Liebe schuldig geblieben ist,
bitte Gott um Vergebung.
Gott sei mit uns und nehme unseren Dank und unsere Bitte an.

Fortsetzung folgt auf Seite 48

M2 Beerdigung

Fortsetzung von Seite 47

Am Grab

Chor- oder Instrumentalmusik

In der Hoffnung auf Gott,
das aus dem Tod ins Leben ruft,
(*oder:* der Leben schafft und vollendet,)
nehmen wir Abschied von ____________________.

Erde zu Erde, Asche zu Asche, Staub zu Staube.

Ihr/Sein Leib vergeht, Gottes Treue bleibt.

Wir setzen unser Vertrauen auf Jesus Christus,
der für uns gestorben und auferstanden ist.
Er hat ____________________ in der Taufe zum neuen Leben berufen.
Er erbarme sich ihrer/ seiner
und vollende ihr/ sein Leben in seiner Herrlichkeit

Jesus Christus spricht:
Ich bin die Auferstehung und das Leben.
Wer an mich glaubt, der wird leben, auch wenn er stirbt.
(Joh 11,25)

Lied der Gemeinde oder des Chores

Christ ist erstanden (EG 99) (oder ein anderes Osterlied ...)!

Lies die Worte, die der Pastor/die Pastorin spricht, laut. Wie klingen sie, wie wirken sie?

Betrachte die Worte genauer: Wo ist der Tote im Mittelpunkt, wo die Trauernden?
Wo entdeckst du Trost, wo Hoffnung jenseits des Todes?

Achtung und Pflege der Würde | M3

Wann suchen Menschen die Nähe der Kirche? Laut Statistik (und die deckt sich mit meinem eigenen Eindruck) sind Taufen und Beerdigungen die gefragtesten „Dienstleistungen" der Kirche. Warum das so ist, darüber gibt es viele kluge Theorien. Ich denke es mir so:

So ein kleiner, neuer Erdenbürger macht hilflos. Er kann *noch nicht* selbst für sich sorgen, er kann sich *noch nicht* wehren, er kann *noch nicht* sagen, was er will. Und doch spüren wir, dass er seine eigene Würde hat, dass er Person ist, Persönlichkeit. Wir haben einen Namen für ihn – und dieser Name soll über ihm laut werden. Wir wollen ihn aller Welt bekannt machen: Hier ist ein neuer, gewollter, geliebter Mensch, der gut ist, so wie er ist, sogar schon, bevor er uns sagen kann, wer er ist. Sagte ich: aller Welt bekannt machen? Ich sollte sagen: aller Welt und Gott.

Anders – und wiederum auch nicht viel anders – ist es, wenn wir einen Verstorbenen vor Gott bringen. Er kann *nicht mehr* für sich sorgen, er kann sich *nicht mehr* wehren, er kann *nicht mehr* sagen, was er will. Und doch sind wir gewiss, dass er immer noch und für immer seine eigene Würde hat, dass er Person ist, Persönlichkeit. Das war so, solange er unter uns war, und das kann nicht einfach vorbei sein, nur weil er nicht mehr bei uns ist. Wir wollen – stellvertretend für ihn – an seiner Würde festhalten und über seiner Würde wachen. Wir geleiten ihn zur letzten Ruhe und sagen laut vor der Welt, wer er war und ist und bleiben wird. Sagte ich: vor der Welt? Ich meine natürlich: vor aller Welt und Gott.

Henrike Beer

Lies, was eine Pastorin im Gemeindebrief über Taufe und Beerdigung geschrieben hat. Sag es in deinen eigenen Worten.

Als Gruppenarbeit: Im Kirchenvorstand wird diskutiert, ob Taufen und Beerdigungen für Nichtgemeindeglieder in Zukunft abgelehnt werden sollen.
Entwickelt Rollenkarten und spielt eine Kirchenvorstandssitzung.

M4 Ich werde fortgehen im Herbst

Ich werde fortgehn im Herbst
Wenn die grauen Trauerwolken
Meiner Jugend mich mahnen.
Keine Fahnen werden flattern
Keine Böller knattern
Krähen werden aus dem Nebel schrein
Schweigen, Schweigen, Schweigen
Hüllt mich ein.
Ich werde gehen wie ich kam
allein.

Mascha Kaléko: Die paar leuchtenden Jahre.

Lies das Gedicht.
Mit welchen Bildern wird das Sterben umschrieben?
Welche Stimmung wird erzeugt – gestalte mit Farben, was hier gesagt wird.
Nimm dir ein Wort (oder eine Wortgruppe) aus dem Gedicht als Überschrift für eigene Worte über Leben und Tod.

Ein Gang über den Friedhof kann wie ein Spaziergang sein.
Du bist draußen, im Grünen, umgeben von Pflanzen.

Ein Gang über den Friedhof kann ein Weg
in die Vergangenheit sein.
Du liest Grabsteine, Erinnerungen an Menschen,
die nicht mehr leben.

Ein Gang über den Friedhof kann ein Weg zu dir selbst sein.
Du denkst über das Leben und Sterben nach und findest:
Du bist nicht allein.

Beantworte vor dem Friedhofsbesuch folgende Fragen:

- Warst du in letzter Zeit am Friedhof/bei einer Beerdigung?
- Warst du überhaupt schon einmal auf einer Beerdigung?
- Bist du schon auf diesem Friedhof gewesen?

Beantworte vor und nach dem Friedhofsbesuch folgende Fragen:

- Friedhof: Was verbindest du mit diesem Wort?
- Tod: Was verbindest du mit diesem Wort?

Lies die Einstimmung oben auf der Seite: Was leuchtet dir ein, was nicht?

M6 Meditationsblatt für den Friedhofsgang

Hier findest du Texte, die über die Erfahrung von Tod und Endlichkeit nachdenken lassen.
Geh ihnen nach. Welche Worte sprechen dich an?

Im Namen des Vaters,
der das Leben gibt und ihm die
Grenzen setzt;
im Namen des Sohnes,
der mit uns Leben geteilt hat und vom
Tod auferstanden ist,
im Namen des Heiligen Geistes,
der Trauernde tröstet und Mut
macht zum Leben.
Amen.

Erde zur Erde, Asche zur Asche, Staub zum Staub.
Wir aber hoffen auf unseren Herrn Jesus Christus,
der da spricht: Ich lebe und ihr sollt auch leben.

Herr, lehre mich doch, dass es ein Ende mit mir
haben muss,
und mein Leben ein Ziel hat und ich davon muss.

Christus spricht:
Ich bin die Auferstehung
und das Leben. Wer an mich glaubt,
der wird leben, auch wenn
er stirbt.

Die Erlösten des Herrn werden wiederkommen
und nach Zion kommen mit Jauchzen;
ewige Freude wird über ihrem Haupte sein;
Freude und Wonne werden sie ergreifen,
und Schmerz und Seufzen wird fliehen.

Barmherziger Gott, uns bewegt viel:
Wir sind auf dem Friedhof
und wir denken über Leben und Sterben nach.
Das ist nicht ganz leicht und es bedrängt uns auch –
Gedanken über unser Leben und unser Sterben schafft sich Raum.

Wir haben den Mut, uns auch dafür Zeit zu nehmen,
inmitten unseres Lebens.
Wir lassen uns beunruhigen, indem wir hier sind,
und legen unsere Unruhe und Angst in deine Hand, du guter Gott.
Wir gehen jetzt wieder in die Schule und nehmen die Erfahrungen mit:
Bleibe du unser guter Gott, der inmitten aller Angst uns zusagt:
Fürchtet euch nicht!

Amen.

Überlege vorab:
Wäre das ein Gebet, das du nach dem Friedhofsbesuch sprechen könntest?
Sieh genau hin: Welche Fragen werden angesprochen, welche Antworten nahegelegt?

Überlege hinterher:
Was fehlt? Was würdest du gern anders sagen?
Was würdest du hinzufügen?

M8 Memorbücher

Eine der ältesten Formen des Totengedenkens im Judentum sind die Memorbücher einzelner Gemeinden Deutschlands. Sie sind zum Teil seit Jahrhunderten in Gebrauch.

Zum Beispiel: Das Memorbuch der Gemeinde Bonn

Das Memorbuch der jüdischen Gemeinde Bonn wurde im Jahr 1784 angelegt. Es ist in drei Teile gegliedert: Am Anfang finden sich Gebete. Im Mittelteile wird großer Gelehrter des Judentums gedacht. Sie werden mit Namen genannt. Es folgen die Namen der in der Gemeinde Verstorbenen. Ein Martyrologium zum Andenken der Opfer der mittelalterlichen Verfolgungen beschließt die Handschrift.

Die etwa 380 Einträge für Mitglieder der Bonner Gemeinde umfassen den Zeitraumvon 1726 bis 1899. Die Einträge sind ausführlich und kunstvoll gestaltet. Sie rühmen die Tugend und Lebensweise der Verstorbenen und erwähnen viele biografische Einzelheiten.

Besonders ausführlich und schöpferisch sind die Lobreden für die Rabbiner der Gemeinde. Ihre tiefen Kenntnisse der religiösen Schriften und ihr lebenslanges Lernen und Lehren werden gerühmt. Unter ihnen ragt Rabbiner Juda Mehler (1660–1751) heraus, über den es dort heißt: „Und von Schabbat zu Schabbat wich er nicht von den Säulen des Studiums, er lernte Tora um ihrer selbst willen ... und stellte viele Schüler auf; viele tranken aus seinem Brunnen und folgten seinem Licht ..."

Steinheim-Institut Universität Duisburg
(http://sti1.uni-duisburg.de/projekte/memorbuch/index.xml)

Lies die „Inhaltsangabe" des Bonner Memorbuchs.
Überlege, was so ein Buch bedeutet: für Geschichtswissenschaftler, für Gemeindeglieder, für Hinterbliebene.

Lernweg 4: 7./8. Klasse

Jesus Christus

Konturen des Kreuzes
zeigen sich
im
Herr-Sein
Jesu
Christi.
In seinen
Geschichten
kommt dieser vierte Lernweg
seiner Macht
nahe.

Religionsunterricht als Raum,
in dem Schülerinnen und Schüler Kompetenz
gewinnen in der diskursiven Annäherung
an die Frage:
Die Geschichten Jesu Christi – für mich?

Bezug zum Kleinen Katechismus

Ich gläube, daß Jesus Christus ... sei mein Herr (Auslegung zum zweiten Glaubensartikel).

Grundlegung: Die Geschichten Jesu Christi als Geschichten für mich

Der KlKat verweist auf die je neue Suche und Wahrnehmung Jesu Christi als „meinem Herrn". Dies ist ein sehr eigener Weg, der nur im Zusammenhang mit der Christusgeschichte als Ganzer verstanden werden kann: Das Herr-Sein Christi kritisiert alle gängigen Vorstellungen von Herrschaft und gewinnt erst im Kontext der Christusgeschichte seine eigene Kontur. In dieser Weise ist die Auslegung Luthers zum zweiten Glaubensartikel zu verstehen: Es geht um eine immer wieder neue Annäherung an die Botschaft Jesu Christi, die sich in seiner Lebens- und Leidensgeschichte mitteilt und die sich in der besonderen Perspektive seines Herr-Seins markant und perspektivenreich in den biblischen Geschichten (stories) zeigt.

Aus der Vielzahl von Geschichten bilden sich Ahnungen und Konturen, mit denen Kinder und Jugendliche Jesus Christus wahrnehmen lernen. Nicht ein fertiges Bild von Jesus Christus, sondern eine Vielfalt an biblischen Bezügen oder Bezügen aus der Tradition und ihrer Interpretation ermöglicht es den Schülerinnen und Schülern, sich auf die Suche nach der für sie noch fremden Geschichte zu begeben. In der Auswahl der biblischen Texte kann der KlKat mit seinem Fokus auf das Herr-Sein Jesu Christi helfen.

Einen guten Zugang ermöglicht das Lukasevangelium: Jesu Antrittspredigt in Nazareth (Lk, 16–30), Jesu Einzug in Jerusalem (Lk 19, 28–40), Jesu Zuwendung zu den Kindern (Lk 18, 15–17) usw. konturieren Jesu Herr-Sein in seiner Hinwendung zu den Armen, den Sündern und Außenseitern. Die Herrschaft Jesu ist klar unterschieden von der Herrschaft der Mächtigen: Das Herr-Sein Jesu gilt den Menschen, die ihm begegnen und die ihn kennen lernen und nicht einer Ideologie oder Gewalt, die Menschen unterdrückt und unfrei sein lässt. Dieses politische Potenzial des Herr-Seins Christi eröffnet einen Zugang zur christologischen Wahrnehmung, die freilich auch durch weitere Perspektiven zu ergänzen wäre.

In der Perspektive des KlKat heißt es nicht: Er ist Herr – sondern: Er ist Herr *für mich.*

Um dem nahe zu kommen, sind wiederum die Zugänge über die lukanischen Texte gut geeignet, da sie von Jesus in seiner Unmittelbarkeit zu den Menschen erzählen. Es ist damit möglich, sich Jesus sehr elementar zu nähern – und das ist nicht nur für Kinder, sondern auch für Jugendliche ein gangbarer Weg.

Um in die Komplexität der Wahrnehmung der Gestalt Jesu Christi einzuführen, die sich aus verschiedenen Geschichten gleichsam aufbaut, ist es immer wieder notwendig an der Wahrnehmung Jesu in Geschichten zu arbeiten. Die je einzelnen Geschichten stehen nicht für sich allein, sondern mit jeder neuen Geschichte erweitert sich die Wahrnehmung Jesu Christi, die dann auch vielschichtiger und komplexer werden kann.

Dieses hermeneutische Interesse verfolgt der sich anschließende Unterrichtsvorschlag: Mit den biblischen Erzählungen von Jesus Christus eröffnet sich ein immer deutlicheres, facettenreiches Bild.

Freilich können im Weiteren auch paulinische Texte bedacht werden, die nicht so sehr dem *erzählenden Charakter* der Evangelien folgen, sondern einen *reflexiven Ausdruck* haben und das Verstehen und Interpretieren Jesu Christi weiterführen. Grundlegend in diesem Zusammenhang wären folgende: Röm 8,31–39; Röm 14,7–9; 1 Kor 8,6 und 12,5; Gal 6,2.14.

Dem Herr-Sein Christi wird in der Tradition besonders in der Barmer Theologischen Erklärung – erste These – Gewicht gegeben. Diese könnte weitergehend herangezogen werden. Freilich können die Textbezüge auch ausgetauscht werden und andere Perspektiven aus der Tradition aufgenommen werden.

Sicherlich werden die meisten Schülerinnen und Schüler dieses Bekenntnis „Ich glaube, daß Jesus Christus ... sei mein Herr" alles andere als selbstverständlich finden. Der RU will aber die erprobende Gestalt christlichen Lernens beibehalten und Schülerinnen und Schülern erste, und sei es auch vorläufige, Begegnungen mit christlicher Religion ermöglichen. Mit dem im KlKat formulierten Bekenntnis kommt dabei allerdings eine Reichweite in den Blick, die über das hinausgeht, was der RU leisten kann.

„Jesus sei mein Herr" – das wird nicht nachgesprochen, sondern unter verschiedenen Aspekten getestet. Was bedeutet es für Kranke, Außenseiter, scheinbar „Ungenügende" und Unfertige? Was bedeutet es in der Konfrontation mit den Mächtigen dieser Welt, mit Ansprüchen und Normen, denen ich nicht genüge?

Die Schülerinnen und Schüler bleiben im RU in der Distanz des Erprobenden – sie lernen aber verstehen und schätzen, was das Bekenntnis, das der KlKat nahe legt, bedeutet: *„mein Herr".*

Profil: Distanz beibehalten in der Annäherung an die Geschichten von Jesus Christus

Mit der Aufgabe Schülerinnen und Schüler in das christologische Reden einzuführen, verweist der KlKat in eine spezifische Perspektive: ‚ich glaube, daß Jesus Christus ... sei mein Herr': damit sind die beiden Bezugsfelder gegeben, auf die sich der Religionsunterricht zubewegen kann. Einmal die Story Jesu Christi, die die Schülerinnen und Schüler kennen und wahrnehmen lernen. Zum anderen die Perspektive auf mich als Schüler, der in diesen Geschichten anfängliche Berührungspunkte entdecken lernt. Dabei geht es um bescheidene Lernwege, weil die Geschichte Jesu (in den vielfältigen Geschichten) für viele Jugendliche eine (noch) fremde ist. Auch im Kennenlernen sollen und dürfen sie in Distanz zu ihr bleiben. In der Begegnung mit den einzelnen Geschichten werden ihnen aber Ahnungen vom Herr-Sein Jesu Christi zugespielt und erste Aspekte eröffnet, an denen sie weiterentdecken und weiterarbeiten können.

Die Geschichte Jesu Christi erschließt sich immer wieder neu und lässt sich keineswegs in eine historisch, vergangene Darstellung Jesu gießen: Vielmehr verweigert das biblische Zeugnis eine solche Darstellung und fordert vielmehr dazu auf, sich auf den Perspektivenreichtum der Geschichten einzulassen und daran teilzunehmen, ihre vielfältigen Perspektiven auszuloten.

In didaktischer Hinsicht stellt sich die Aufgabe, die Schülerinnen und Schüler zu befähigen, sich im Kontext der Geschichte Jesu Christi so bewegen zu lernen, dass sie nicht als vergangene abgetan wird, sondern als „story pro me" produktiv wird. Darum ist es notwendig, die Arbeit an den Geschichten so anzulegen, dass freilich vorläufig und anfänglich Schülerinnen und Schüler sich diesem fremden Jesus Christus annähern und im Ausschreiten seiner Lebens- und Leidensgeschichte der Blick auf das eigene Leben eröffnet wird. Die folgenden Entfaltungen zeigen, wie sich die Geschichten von Jesus Christus mit der je eigene Lebensgeschichte vernetzen und das ‚pro me' des Herr-Sein Jesu auch für die Schülerinnen und Schüler Gestalt gewinnen kann.

Entfaltung: Die Story Jesu als Geschichte für mich wahrnehmen lernen

Die Geschichte Jesu Christi in Geschichten (Evangelien)

Jesu Antrittspredigt in Nazareth (Lk 4,16–30); Jesu Einzug in Jerusalem (Lk 19,28–40); Jesu Zuwendung zu den Kindern (Lk 18,15–17): Mit diesen Geschichten aus dem Lukasevangelium wird Jesus gezeigt als einer, der sich in seinem Handeln für die Menschen darstellt. An sie richtet sich seine Sendung, und dieses Kommen Gottes in die Welt ist eminent politisch ausgerichtet. Im Nachgehen der Geschichten eröffnet sich das Herr-Sein Jesu in einer spezifischen Hinsicht, das sich in einem Summarium der Sendung in der Antrittsrede Jesu mitteilt: „Zu verkündigen das Evangelium den Armen." Es ist kein Herr-Sein über die Menschen, sondern ein Herr-Sein *für* die Menschen.

Das Ziel der *Textarbeit* an den lukanischen Texten ist es, verschiedene Aspekte kennen zu lernen, die die Beziehung Jesu zu den Menschen verdeutlichen.

Ausgehend von den Texten kann das *Bild* betrachtet werden, das Jesu Hinwendung zu den Menschen in einer schlichten und unaufdringlichen Weise zeigt. „So wendet sich Jesus den Menschen zu – erzählt von Jesus, wie er sich den Menschen zuwendet". Dabei bringen die Schülerinnen und Schüler in die Bildarbeit die Aspekte ein, die sie bei der Beschäftigung mit den biblischen Texten kennen gelernt haben (M1).

Die Geschichte Jesu Christi in Reflexionen (Paulus)

Einige prägnante Paulus-Texte helfen, die Person Jesu in seinem Herr-Sein weiter auszuschreiten; der Zusammenhang zu den erzählenden Texten wird hergestellt. Auch hier ergibt sich kein einheitliches, „richtiges" Bild, sondern eine Sammlung von Mosaiksteinen.

Für die Schülerinnen und Schüler ist es spannend zu fragen, was mit dem Bild des erzählten Jesus geschieht, wenn es reflektiert – ein Stück weit theologisiert – wird.

- *Röm 8,31–39* betont das stellvertretende Handeln Jesu in seinem Leiden und Sterben für die Menschen.
- *Röm 14,7–9* stellt heraus, dass die Lebens- und Leidensgeschichte Jesu das je eigene Leben neu charakterisiert als ein Leben, das nicht im Tod endet, sondern Gottes Geschichte mit den Menschen neu qualifiziert. Es geht um das Leben, das durch die Christusgeschichte neu erzählt wird. Es wird damit auf eine neue Zukunft ausgerichtet; denn es wird einmal so sein, dass „Gott wird abwischen alle Tränen von ihren Augen, und der Tod wird nicht mehr sein, noch Leid noch Geschrei noch Schmerz wird mehr sein; denn das Erste ist vergangen." (Off 21, 4).
- Im *1. Korinther 8,6* wird die Spur gelegt auf die Wahrnehmung der Christusgeschichte, durch die Menschen angeleitet werden, sich selbst in der Geschichte Gottes und des Menschen verstehen zu lernen: „so haben wir doch nur einen Gott, den Vater, von dem alle Dinge sind und wir zu ihm; und einen Herrn, Jesus Christus, durch den alle Dinge sind und wir durch ihn." (1 Kor 8,6) Die Ausschließlichkeit des Herr-Seins Jesu wird betont.
- In ethischer Perspektive kann die Wahrnehmung Christi dadurch vertieft werden, dass ausgehend von *Gal 6,2.14* auf die Orientierungen ausgegriffen wird, die Jesu Leben und Handeln eröffnen: „Einer trage des andern Last, so werdet ihr das Gesetz Christi erfüllen." Die Sorge um das gemeinsame Leben drückt sich darin aus, dass Menschen Gottes Sorge um sie selbst wahrnehmen lernen; indem Christus in seinem Leben und Handeln Gottes Sorge um den Menschen mitteilt, werden Menschen befreit zu gemeinsamen Leben und Handeln für eine Welt, die ein menschliches Antlitz haben soll.

Die Last des Gesetzes Christi in Ton und Wort

Dazu könnte man, ausgehend von einem Choral aus dem Messias von Händel: „Die Last ist leicht" („His yoke is easy, His burden is light"), auf musikalische Weise der Lebensform christlichen Glaubens nachgehen: Wie ist die Qualität der Last des Gesetzes Christi durch die musikalische Komposition gekennzeichnet und beschrieben?

In Mt 11,25–27 wird dieses Gesetz Christi interpretiert: Die Leichtigkeit und die Sanftheit des Joches sind hier ebenso wahrgenommen wie die Ernsthaftigkeit, mit der Jesus diese Last auf sich genommen hat.

Themen der Geschichte Jesu Christi zum Festhalten

Es bietet sich an, die verschiedenen Themen der Jesusgeschichte in eine Tabelle einzutragen (M2): Bibeltext – das wird reflektiert – eigener Kommentar. Damit gewinnen die Schülerinnen und Schüler einen ersten Blick auf wesentliche Aspekte der Verkündigung Jesu. Mit dieser kurzen Tabelle erschließt sich zugleich ein innerer Zusammenhang der Geschichte Jesu Christi, den man im Durchgehen der Tabelle nachgehen kann: Leben, Sterben, Auferstehung, das neue Gesetz Christi, Nachfolge ... Von der Christusgeschichte spannt sich ein Bogen zu denen, die diese Geschichte für sich gelten lassen und von ihr her das Leben verstehen lernen (die Last ist leicht usw.).

Fremde Geschichten als Geschichten für mich

Ein erster Zugang wird gesucht mit dem abschließenden Vers aus dem Gedicht ‚Wünsche' von Kurt Marti (M3): „Auch das, auch das gehört zur Liebe, wie Jesus sie lebte." Die Schülerinnen und Schüler können in Einzelarbeit eine eigene Begegnung mit der Christusgeschichte wagen: Mithilfe des Marti-Verses klären sie aus der Erinnerung an Jesusgeschichten heraus: Was beinhaltet Martis „auch das"?

Wenn sich keine Erinnerungen an Jesusgeschichten einstellen, kann man mit Vorschlägen nachhelfen; es müssen auch nicht immer passende Geschichten gefunden werden, da es im Gedicht vor allem darum geht, den Wechsel der Perspektiven nachzuverfolgen, um dabei eine Ahnung zu gewinnen von der eigenen Logik christlicher Religion: In dem Wechsel der Perspektiven tun sich Lebens- und Handlungsformen auf, die an das heranreichen, was christlicher Glaube lehrt.

Im Einzelnen:

- Lesen des Gedichtes: Das Gedicht wird ausgeteilt und von einem Schüler bzw. einer Schülerin laut vorgelesen.
- Die Schülerinnen und Schüler halten sich selbst in dem Gedicht auf und suchen sich den Satz oder Abschnitt, der für sie der wichtigste ist: Mit der Verfremdung durch den Text von Marti, der unmittelbar in die Gegenwart hineinspricht, vernetzt sich die eigene Sehnsucht nach gemeinsamen und guten Leben mit den biblischen Geschichten.
- Die Schülerinnen und Schüler überlegen, welche Konsequenzen sich daraus für ihren Alltag ergeben würden: „Wenn es so und so wäre, dann…"; sie gehen in ihren eigenen Alltag und überlegen, wo und vielleicht auch wann sie einen solchen Wechsel der Perspektiven erlebt haben, wie er sich im Gedicht zeigt: In der Perspektive der eigenen Hoffnung und Sehnsucht nach gemeinsamen Leben, die sich in dem Gedicht mitteilt, schreiten die Jugendlichen ihr eigenes Leben aus.

Über diese *Übergänge* kann man ins Gespräch kommen und sich auf die Liebe, wie Jesus sie lebte, beziehen; ebenso auf sein Herr-Sein, das sich darin ausdrückt, dass es ein Herr-Sein um des Lebens der Menschen willen ist. Ich, die Schülerin selbst, trete damit in eine Auseinandersetzung mit Jesus Christus.

Zusammengefasst werden könnte die Arbeit mit dem Gedicht durch den Bezug auf Gal 6,2: „Einer trage des andern Last, so werdet ihr das Gesetz Christi erfüllen." Im Herr-Sein Jesu Christi teilt sich eine Gestalt des Lebens mit, die gängigen und bestimmenden Orientierungen der Gegenwart widerspricht, diese kritisiert und neu ausrichtet.

Das Herr-Sein Jesu Christi – „politisch"

Die in der Geschichte von Christian Führer (M4) erzählte Erfahrung des Neuwerdens durch Widerstand hindurch zeigt, wie das Herr-Sein Christi auch die Gegenwart neu verwandelt; die Montagsdemonstrationen in Leipzig, Nikolaikirche, machen deutlich, dass nicht alles so bleiben muss, wie es ist, sondern dass die „Verwandlung der Welt" Realität ist, auch wenn sie oft ganz klein beginnt: Kerzen vor der Nikolaikirche.

Im Einzelnen:

- Vorlesen der Geschichte.
- Reflexion: Was ist in Leipzig passiert, als die Straßen gereinigt wurden?
- Diese „Verwandlung der Welt" religiös deuten und interpretieren lernen: Dazu kann ein Zitat aus einem Interview mit dem Pfarrer der Leipziger Nikolaikirche, Pfarrer Christian Führer, herangezogen werden (M5).
- Welche Rolle spielte die Nikolaikirche in diesem Zusammenhang?
- Versuch einer Definition von „Widerstand" mit Hilfe der Geschichte.

Vom KlKat her

Ich glaube, daß Jesus Christus … sei mein Herr: Mit der bearbeiteten Geschichte von der Nikolaikirche werden die Jugendlichen sensibilisiert für die Bedeutung christlicher Religion im Alltag der Christen. Die Geschichte dient als Übergang zur Thematisierung des Lebens, das sich von der Geschichte Jesu Christi, seiner Botschaft, seinem Herr-Sein bestimmen lässt: Mit Bezug auf die Erfahrungen in Leipzig werden die Schülerinnen und Schüler angeregt, danach zu fragen, was die Motive sind, die die Menschen zu ihrem Handeln befähigt haben. Der Bezug auf den KlKat untermauert diese Motive. Der KlKat wird hier im Zusammenhang der Geschichte von der Nikolaikirche reflektiert; es geht um

Spuren legen: Das Gebet in der Nikolaikirche war grundlegender Ausgangs- und Bezugspunkt für die politischen Aktionen in und um die Nikolaikirche.
Politisches Handeln der Christen: Die Motivation für das politische Handeln gründet in der Botschaft des Evangeliums von der Befreiung aus Unterdrückung und politischer Ideologie.

Die theologische Erklärung von Barmen erläutert die Aussage des KlKat – Ich glaube, daß Jesus Christus … sei mein Herr – und zeigt, von woher sich das politische Handeln der Christen bestimmt (M6). Besonders der Verwerfungssatz ist hierbei so grundsätzlich formuliert, dass er über die damalige Situation hinaus der kritischen Selbstprüfung der Gegenwart dient und also auch die politische Situation in der Zeit der Auflösung der DDR beurteilen lässt.

Der KlKat wird herangezogen: Er fasst das zusammen, was die Schülerinnen und Schüler in der Auseinandersetzung mit der Frage nach politischen Widerstand erarbeitet haben.

Zum Abschluss werden die Barmer Theologische Erklärung (1. These) und der Textauszug des KlKat ins Heft eingetragen und für beide Texte eine Zusammenfassung versucht; die Schülerinnen und Schüler formulieren in einer Zweierarbeit/Kleingruppenarbeit diese Zusammenfassungen; z.B.:

Barmen – Christen beziehen sich in ihrem politischen Handeln auf Jesus Christus.
KlKat – Jesus Christus ist der Herr, dem Christen im Leben, im politischen Handeln, vertrauen und folgen.

Wolfgang Schoberth: Jesus und der Lieblingsjünger, 1985

Betrachte das Bild:
Wo siehst du Jesus, wo den „Lieblingsjünger"? – Zeichne die Haltungen nach.

Schreibe dazu:
Welche „Signale" gibt Jesus ihm begegnenden Menschen?
Welche Gefühle löst er aus?

Du kannst von deinen Erfahrungen mit Jesus-Geschichten ausgehen – oder von dem Bild. Kannst du beides miteinander verbinden?

M2 Themen der Geschichten von Jesus Christus

Bibeltext	Thema	Eigener Kommentar
Röm 8,31–39	Jesu Leiden und Sterben gilt der Befreiung der Menschen.	
Röm 14,7–9	Jesu Leben endet nicht im Tod.	
Off 21,1–4	Jesus zeigt ein neues Leben, das im Tod nicht endet.	
1 Kor 8,6	Jesus ist der Herr und sonst keiner.	
Gal 6,2	Christus bringt ein neues Gesetz.	
Mt 11,25–27	Das Gesetz Christi ist leicht.	

Erinnere dich an die Texte, die hier genannt und kurz zusammengefasst sind.
Notiere in der rechten Spalte, was dir an ihnen aufgefallen ist.

Ach, daß ich, wenn's drauf ankommt.
im Gegner den Bruder,
im Störer den Beleber,
im Unangenehmen den Bedürftigen,
im Süchtigen den Sehnsüchtigen,
im Säufer den Beter,
im Prahlhans den einst Gedemütigten,

im heute Feigen den morgen Mutigen,
im Mitläufer den morgen Geopferten,
im Schwarzmaler den Licht- und Farbenhungrigen,
im Gehemmten den heimlich Leidenschaftlichen
erkennen könnte!

Leicht ist das nicht.

Es bräuchte, o Gott, die Gegenwart Deines Geistes!
Und wie schaffe ich, der Ängstliche, es,
im Lauten den Leisetreter,
im Arroganten den Angsthasen,
im Behaupter den Ignoranten,
im Auftrumpfer den Anpasser
zu entlarven?

Auch das, auch das gehört zur Liebe, wie Jesus sie lebte.

Kurt Marti: Ungrund Liebe. Klagen, Wünsche, Lieder

Auch das, auch das gehört zur Liebe, wie Jesus sie lebte – Auch ... *was?*

Antworte mit eigenen Worten. Schreib auf, was Marti meint.

Schreib dann aber vor allem auf, was für dich zur Liebe Jesu gehört:
Du kannst dichten, reimen, rappen, kollagieren, zeichnen!

M4 Kerzen vor der Nikolaikirche

Bis 1989 war Deutschland in zwei Hälften geteilt. Im Osten war die Bevölkerung einer totalitären, sozialistischen Regierung ausgesetzt, die bis weit in das Privatleben jedes Einzelnen hineinregierte. Dass die so genannte Deutsche Demokratische Republik (DDR) schließlich aufgab (bzw. aufgegeben wurde) und es zur Wiedervereinigung der beiden Teile Deutschlands kam, verdankt sich, u.a., den „Kerzen vor der Nikolaikirche". –

Lies selbst und finde heraus, wie das geschehen konnte ...

Als der Zug den Bahnhof wieder verließ, waren sie nur noch zu zweit im Abteil, ein Mann und eine Frau, beide schweigend in ein Buch vertieft. Ab und zu hob die Frau beim Umblättern den Kopf, warf heimlich einen kurzen Blick auf den Mann, um danach rasch wieder zu ihrem Buch zurückzukehren.

Erst als der Zug plötzlich auf freier Strecke die Fahrt verlangsamte und schließlich anhielt, kamen die beiden Reisenden miteinander ins Gespräch. Der Mann stand auf, öffnete das Fenster und schaute hinaus. „Nichts zu sehen", stellte er fest. „Vielleicht ein Kurzschluss in der Oberleitung", vermutete die Frau. Der Mann schob das Fenster wieder hoch. „Oder ein Maschinenschaden", sagte er. „Das kann dauern." Danach schwiegen sie wieder, schauten unschlüssig aus dem Fenster und warteten.

Schließlich schlug die Frau ihr Buch zu, legte es neben sich auf den Sitz und sagte mit einem leicht verlegenen Unterton in der Stimme: „Übrigens – ich kenne Sie! Sie sind doch der Pfarrer von der Nikolaikirche in Leipzig!" Der Mann nickte überrascht. In Leipzig passierte es oft, dass er von fremden Leuten angesprochen wurde, aber hier im Zug zwischen Magdeburg und Hannover ... Die Frau sah ihn an und lächelte.

„Ich war kurz von dem Zusammenbruch der DDR drei Wochen zu Besuch bei einer Kusine in Leipzig", erklärte sie. (...) „Meine Kusine hat mich gleich am ersten Montag zum Friedensgebet in die Nikolaikirche mitgenommen. Von daher kenne ich Sie." Sie sah ihn wieder an und er nickte noch einmal.

„Nach dem Friedensgebet gingen meine Kusine und ich bei der Demonstration mit", erzählte sie weiter. „Für mich war eine Demonstration eigentlich nicht so etwas Besonderes, ich hatte schon einige mitgemacht – gegen den Krieg in Vietnam, gegen den Nachrüstungsbeschluss damals im Bonner Hofgarten ... Als jemand aus dem Westen sah ich auch keine Gefahr für mich. Aber ich muss sagen, mir war beklommen zumute. Überall wimmelte es von Polizisten mit Schilden und Schlagstöcken und scharfen Hunden.

Im Westen war es bei den Demonstrationen die Aufgabe der Polizisten, für einen reibungslosen Anlauf zu sorgen. Aber hier fühlte man sich durch das Polizeiaufgebot massiv bedroht. Nichts von wegen ‚dein Freund und Helfer'! Meine Kusine erzählte mir, dass die Tochter einer Arbeitskollegin in der Woche vorher bei der Montagsdemonstration von der Polizei einfach herausgegriffen und mit anderen wahllos Verhafteten auf einem Lastwagen abtransportiert worden war. Sie wurde verhört, beschimpft und bedroht und über zwanzig Stunden festgehalten. ‚Zugeführt' hieß das, erklärte meine Kusine. Das arme Mädchen war danach total verunsichert."

Der Pfarrer hatte schweigend zugehört. Er kannte diese Geschichten – alle, die schrecklichen und auch die anderen, die tröstlichen, in denen Männer und Frauen Mut und Menschlichkeit gezeigt und der Staatsmacht die Stirn geboten hatten. Jetzt räusperte er sich und sagte:

„Ja, da sind schlimme Dinge passiert. Wir waren alle schockiert, mit welcher Brutalität junge Menschen behandelt wurden, die selbst keinerlei Gewalt angewandt hatten. Je mehr sich die Lage zuspitzte, desto mehr solcher ‚Zuführungen' gab es. Die Menschen sollen eingeschüchtert werden. Natürlich überlegten wir, was wir tun konnten, um sie zu schützen. Aus den Basisgruppen kam schließlich der Vorschlag: ‚Bevor du im Lastwagen verschwindest, schreie deinen Namen auf die Straße! Irgendwer kennt dich und hört deinen Namen und schreibt ihn auf. Und du, Pfarrer, gehst nach dem Friedensgebet ins Pfarramt. Dort geben wir die Namen ab.'

So machten wir es. Eine Liste, natürlich unvollständig, mit den Namen der Inhaftierten entstand. Nachts telefonierten die Basisgruppenleute mit den beiden Kirchenanwälten de Maizière und Schnur. Und am nächsten Morgen setzten sich die Superintendenten Magirius und Richter mit den staatlichen Stellen in Verbindung. ‚Folgende Jugendlichen sind heute Nacht nicht nach Hause gekommen ...!' Die Namensliste hängten wir an unsere Infowand in der Kirche, sodass jeder sich informieren konnte, ob jemand, den er kannte, unter den Verhafteten war."

Die Frau dachte an die Arbeitskollegin ihrer Kusine, die fast verzweifelt war, weil sie nicht wusste, was mit ihrer Tochter geschehen war, und sagte: „Gut! Das war eine gute Idee!"

„Ja! Das hat sehr vielen geholfen", erwiderte der Pfarrer. Und nach einer kurzen Pause, in der ihm nochmals die Ereignisse jener Wochen durch den Kopf gingen, fügte er hinzu: „Bald kamen Jugendliche auf den Einfall, die Namen der Inhaftierten auf Zeichenkarton zu schreiben und hinter die Ziergitter der Kirchenfenster neben dem Eingang zu heften. Nachts kam die Stasi und versuchte die Listen abzureißen. Das spornte die Jugendlichen an, eine noch größere Liste zu schreiben und sie noch höher zu hängen." – „Gut!", rief die Frau. „Sehr gut."

„Schließlich blieb die Namensliste hängen. Und auf einmal tauchten Blumen auf, am Gitter befestigt, neben die Namen gesteckt. Kerzen wurden auf den Bürgersteig gestellt und schließlich sogar eine Vase mit Blumen und Schleifen und der Aufschrift: ‚Kopf hoch, Maik! Dein Arbeitskollektiv!' Das war wunderbar, so etwas hatten wir bis dahin nie erlebt: Tag für Tag, Tag und Nacht, kamen Menschen, brachten Blumen, zündeten Kerzen an, blieben stehen, sprachen miteinander."

Die Frau überlegte, ob sie es gewagt hätte, sich auf diese Weise zu bekennen. Man wusste ja nie, wer einem zusah und zuhörte. Und was einem danach passierte. „Es gehört viel Mut dazu, nicht wahr?", sagte sie mehr zu sich selbst. Der Pfarrer nickte. „Ja! Denn natürlich war den staatlichen Behörden all dies ein Dorn im Auge. Den Montag als ‚Chaostag' glaubten sie ‚im Griff', zu haben, wie auch immer. Aber nun war da jeden Tag dieser *Anblick*, fünf Minuten vom Hauptbahnhof entfernt, mitten in der Stadt, als permanente Anfrage: Was für ein Staat ist das, der friedliche Bürger wahllos ohne jede Begründung, ohne Haftbefehl, festnimmt und rüde behandelt?

Bald bekam ich einen Anruft vom Rat der Stadt: ‚Herr Pfarrer, Sie sind für Ordnung und Sicherheit vor ihrer Kirche verantwortlich. Räumen Sie die Blumen weg! Entfernen Sie die Kerzen und Wachsreste vom Bürgersteig, damit ältere Bürger nicht ausrutschen.' Darauf ich: ‚Sie haben uns schon so gut wie alles verboten. Trauer und Schmerz lassen wir uns nicht auch noch verbieten. Räumen Sie es selber weg!" Die Frau erschrocken: „Aber –. Und dann?"

Fortsetzung folgt auf Seite 66

M4 Kerzen vor der Nikolaikirche

Fortsetzung von Seite 65

„Dann kam die Stadtreinigung mit Schaufeln und Besen. Nachts! Ich konnte es vom Balkon unserer Wohnung aus sehen. Ich erinnere mich noch, wie ich voll Trauer dachte: Jetzt haben sie uns überlistet. – Die Frauen und Männer erledigten ordentlich ihren Auftrag, räumten die verwelkten Blumen weg, säuberten den Bürgersteig vor der Kirche von Wachs und Kerzen.

Aber dann, zu meiner Verwunderung, nahmen sie plötzlich aus den Kerzenhaufen alle Kerzen, die noch zu gebrauchen waren, säuberten sie, zündeten sie an und stellten sie in die Kirchenfenster!

Ein tiefes Gefühl der Freude überkam mich: So geht das jetzt, dachte ich. Die Menschen fragen nicht mehr: ‚Dürfen wir das?' Sie fragen nicht nach einem Vorgesetzten, der für sie entscheidet. Sie denken selbst, entscheiden selbst, handeln selbst! *Das* war die eigentliche Revolution: Diese Veränderung, die mit den Menschen geschah ..."

Der Pfarrer lächelte in der Erinnerung an das nächtliche Erlebnis vor der Nikolaikirche und fügte hinzu: „Frauen und Männer wie diese, deren Namen man in keinem Geschichtsbuch lesen wird, haben die friedliche Revolution im Herbst 89 möglich gemacht."

Er lehnte sich zurück und schwieg: „Ich jedenfalls kann diesen Vorfall nicht vergessen."

Die Frau schwieg auch. Beide hingen ihren Gedanken nach und ließen die Bilder an sich vorüberziehen, die sie sich von den Ereignissen jener Wochen aufbewahrt hatten. Darüber entging ihnen der leichte, kaum spürbare Ruck, der durch den Wagen zitterte, und erst eine geraume Weile später bemerkten sie, dass der Zug sich wieder in Bewegung gesetzt hatte.

Nach einem Bericht von Christian Führer, dem Pfarrer der Nicolaikirche in Leipzig, in: Abel, steh auf. Geschichten zur Zivilcourage für junge Menschen ab 8, hg. von Dietrich Steinwede und Renate Schupp, Kaufmann Verlag Stuttgart 2002, S. 143–147.

Für die Lektüre in der Klasse: Von Abschnitt zu Abschnitt lesen und jeweils kurz klären und zusammenfassen, was das Thema ist. Anschließend Gruppenarbeit, z.B. mit folgenden Aufgaben:

Findet heraus: Was will die Frau eigentlich wissen? – Was für eine Antwort erhält sie?
Was erzählt diese Geschichte über das Verändern? – Verfasst darüber ein Gedicht.
Was bewegt den Pfarrer an dieser Geschichte – Schreibt eine Tagebuchnotiz, die er in der Nacht, als die Stadtreinigung gekommen war, geschrieben haben könnte.
Gestaltet ein Poster über die „Kraft von Blumen und Kerzen".

Herr-Sein Jesu Christi für mich? **M5**

Christian Führer, am 17. November 1989:

„Wir werden immer wieder gefragt, warum die Erneuerung in Leipzig begann, warum es nicht auf der Straße, sondern in der Kirche begann. Ich habe dafür die Antwort (...) gefunden; die Menschen hatten von sich aus nicht die Kraft, sie hatten zu lange resigniert am Boden gehockt, um sich zu erheben. Es reichte allenfalls zur Flucht. Das ewige Licht, das Licht des Evangeliums musste erst ihre Herzen und Sinne erweichen, dass sie wieder innere Kraft bekamen, dass sie diese sinnlose, namenlose Angst verloren, dass sie die hingeworfenen Körner kleiner Vergünstigungen erkannten als das, was sie waren: armselige Almosen. Und es erwuchs zu unser aller Erstaunen die Kraft."

Auszug mit Christian Führer; aus: Öffner, Ernst: Wegbereiter einer friedlichen Revolution. Augsburg ehrt Michail Gorbatschow und Christian Führer, in: Nachrichten der Ev.-Luth. Kirche in Bayern 60, 2005, 305–310, 307.

Was hat der Glauben eines Menschen mit seiner Lebensweise zu tun?
Vergleiche die beiden Texte auf dieser Seite und mache eine Gegenüberstellung:

O Herr,
mach mich zum Werkzeug deines Friedens,
dass ich Liebe übe, wo man sich hasst,
dass ich verzeihe, wo man sich beleidigt,
dass ich verbinde, da, wo Streit ist,
dass ich die Wahrheit sage, wo der Irrtum herrscht,
dass ich den Glauben bringe, wo der Zweifel drückt,
dass ich die Hoffnung wecke, wo Verzweiflung quält,
dass ich ein Licht anzünde, wo die Finsternis regiert,
dass ich Freude mache, wo der Kummer wohnt.

Herr, lass mich trachten:
nicht, dass ich getröstet werde, sondern dass ich tröste;
nicht, dass ich verstanden werde, sondern dass ich verstehe;
nicht, dass ich geliebt werde, sondern dass ich liebe.

Denn wer da hingibt, der empfängt;
wer sich selbst vergisst, der findet;
wer verzeiht, dem wird verziehen;
und wer stirbt, erwacht zum ewigen Leben.

Souvenir Normand, 1912

M6 Wir verwerfen ...

1. These der Barmer Theologischen Erklärung

Biblisches Leitwort

Jesus Christus spricht: Ich bin der Weg und die Wahrheit und das Leben;
niemand kommt zum Vater denn durch mich (Joh 14,6).
Wahrlich, wahrlich, ich sage euch:
Wer nicht zur Tür hineingeht in den Schafstall,
sondern steigt anderswo hinein, der ist ein Dieb und Räuber.
Ich bin die Tür; wenn jemand durch mich hineingeht, wird er selig werden. (Joh 10,1.9)

Bejahende Lehraussage

Jesus Christus, wie er uns in der Heiligen Schrift bezeugt wird,
ist das eine Wort Gottes, das wir zu hören,
dem wir im Leben und im Sterben zu vertrauen und zu gehorchen haben.

Verneinender Verwerfungssatz

Wir verwerfen die falsche Lehre,
als könne und müsse die Kirche
als Quelle ihrer Verkündigung außer und neben diesem einen Wort Gottes
auch noch andere Ereignisse und Mächte, Gestalten und Wahrheiten
als Gottes Offenbarung anerkennen.

Aus der Theologischen Erklärung der Bekenntnissynode von Barmen

Hier argumentieren Vertreter der evangelischen Kirche gegen die Pläne des Regimes Adolf Hitlers, die Kirche für ihre politischen Ziele zu vereinnahmen. – Lies den Text und kläre:

- Wie ist er aufgebaut?
- Was wird abgelehnt?
- Wie wird diese Ablehnung begründet?

Lernweg 5: 8./9. Klasse

Ich

Ich – wo?
Da.
Mit meiner
Lebensgeschichte,
meinen Fragen
angesichts
Resignation und
Verzweiflung: Auch
dieser fünfte Lernweg
begleitet
mich,
erzählt vom
Leben
wieder.

Religionsunterricht als Raum,
in dem Schülerinnen und Schüler Kompetenz gewinnen in der diskursiven Annäherung an die Frage:
Leben trotz Resignation und Verzweiflung – für mich?

Bezug zum Kleinen Katechismus

...daß uns Gott wollt' behüten und erhalten (Auslegung zur 6. Bitte des Vaterunsers)

Grundlegung: Leben lernen trotz Resignation und Verzweiflung

Die eigene Lebens- und Glaubensgeschichte tritt mit der Auslegung der 6. Bitte des Vaterunsers im KlKat in den Vordergrund. Mit dem Aspekt , „daß uns Gott wollt' behüten und erhalten" kommt das je eigene Leben in den Blick – als eines, das wir nicht allein gestalten und verantworten, sondern dass von der Bitte getragen ist, dass Gott es sein soll, der das Leben behütend und erhaltend trägt.

Diese Perspektive ist im KlKat bestimmend und grenzt sich von all den Orientierungen ab, die für die Erhaltung und Bewahrung des Lebens nicht einstehen können. Damit konzentriert die Auslegung der 6. Bitte im Vaterunser auf eine wichtige Unterscheidung, die den christlichen Glauben bestimmt: die Unterscheidung anderer Mächte und Gewalten von der Herrschaft und Macht Gottes. Gottes schöpferische Macht und Herrschaft steht für das Leben des Menschen ein; damit wird diese Bitte des Vaterunsers zugleich zu einem Bekenntnis zu dem Handeln Gottes, das behütend und erhaltend sich um den Menschen sorgt und Menschen nicht anderen Mächten und Gewalten überlässt.

Diese Gewissheit schließt alle die Zweifel an das Erhaltungshandeln Gottes ein, angesichts von geschichtlichen und menschlichen Katastrophen, die dieses Handeln in Frage stellen, angesichts eines als ohnmächtig erlebten Gottes, der in der Wahrnehmung der Menschen in den Ablauf der Welt und Geschichte nicht einzugreifen scheint. Diese Spannung ist in der 6. Bitte des Vaterunsers enthalten. Im Alltag der Welt und des je eigenen Lebens zeigt sich diese Spannung und führt in den Grenzerfahrungen des Lebens zu Anfragen an das erhaltende und behütende Handeln Gottes.

Wie Gott inmitten des Leidens und der Katastrophen gegenwärtiger Gott bleibt, wie von ihm in solchen Erfahrungen gesprochen werden kann, ist eine Herausforderung, der sich christlicher Glaube immer neu stellt.

> „Die Erfahrung von zerstörender Gewalt und Chaos kann Gott der von ihm unterschiedenen Schöpfung nicht ersparen. Nach schöpferischen und neuschöpferischen Kräften, die das unsägliche Leid begrenzen und aus dem Chaos herausführen – danach muss in dieser Situation nicht nur politisch, wirtschaftlich, technisch und medizinisch, sondern auch religiös und theologisch gefragt werden." (Michael Welker, Gott ist keine Zaubermacht; in: Zeitzeichen 6, 2005, 48–49, 49).

Damit die Gewissheit von Gottes erhaltendem und behütendem Handeln wachsen kann, braucht es Wege des Mutes, in die Realitäten des Lebens hineinzugehen, um an ihnen und mit ihnen die Hoffnung des Glaubens buchstabieren zu lernen. Gott erweist sich nicht als eine Zaubermacht, sondern der christliche Glaube lebt aus dem

> „Vertrauen, dass das unsägliche Leid, das über die betroffenen Menschen hereingebrochen ist, nicht in bloße Erfahrungen der Sinnlosigkeit, der Resignation und Verzweiflung treibt." (Welker, a.a.O. 49).

Christliche Religion übt darin ein, dass die je eigene Lebens- und Glaubensgeschichte in Erfahrungen des Leidens und der Ohnmacht nicht zerbricht. Es gilt, angesichts solcher Erfahrungen neue Wege zu finden, damit nicht falsche Allmachtsvorstellungen ein Gottesbild kreieren, das dann – in der Krise – versagen muss. Die Bedrohtheit des eigenen Lebens wie der Lebenszusammenhänge, in denen ich mich bewege (Natur, Umwelt, Staat usw.), kommen in den Blick und finden eine Sprache, die die Ohnmacht auffängt, in die solche Erfahrungen drängen.

Profil: Die Tiefendimensionen der eigenen Lebens- und Glaubensgeschichte ausloten

Dieser im KlKat vorgelegten Perspektive wird im Religionsunterricht durch die Konzentration auf die eigenen Lebens- und Glaubensgeschichte nachgegangen und gleichsam exemplarisch daran zu zeigen versucht, wie Jugendliche Anteil gewinnen können an dem Vertrauen, dass Erfahrungen der Sinnlosigkeit, der Resignation und Verzweiflung nicht das letzte Wort behalten. In der Eröffnung für die Sensibilität für das eigene Leben und die eigene Geschichte werden Spuren gelegt, das eigene Leben in seinen heiteren *und* mit seinen dunklen Seiten wahrzunehmen und das eigene Leben in seinen Tiefendimensionen auszuloten. Dabei zeigen sich Spuren des Verwickeltseins von eigener Lebens- und Glaubensgeschichte besonders dann, wenn es um Erfahrungen eigenen Bedrohtseins, eigener Schmerzen und Sorgen geht: Die Scheidung der Eltern, Sterben und Tod eines nahen Menschen, der oft kleine, aber doch bedeutsame Streit unter Freunden. Mit den Grenzerfahrungen des Lebens rühren Jugendliche an eine Dimension des Lebens, in der sie sich zurechtfinden müssen.

Der Religionsunterricht bietet – vom KlKat her – einen Raum an, der beides aufnehmen kann, Freude und Leid: Die Hoffnung auf Gottes erhaltendes und behütendes Handeln ist für Schülerinnen und Schüler nur dann wahrzunehmen und nachzusprechen, wenn auch die Erfahrungen des Lebens Raum finden, die dem widersprechen.

Die Frage ist, wie im schulischen Unterricht die Lebensgeschichten von Schülerinnen und Schüler angemessen aufgesucht werden können. Es soll im Kleinen beginnen, stellvertretend, exemplarisch: Einer beginnt zu erzählen – unscheinbare Details aus der Kindheit: das erste Bobbycar, Spielzeug, Freunde, die Geschenke der Großmutter usw.

> „Wenn ich sagen soll, wer ich bin, dann erzähle ich meine Geschichte." (Dietrich Ritschl)

Es ist wichtig, das Erzählen der eigenen Geschichte zu lernen. Erst im Erzählen geht mir auf, wer ich geworden bin, im Erzählen stoße ich auf bedeutsame Ereignisse, die mich ausmachen. Kinder und Jugendliche lieben Geschichten und das kann der Anknüpfungspunkt dafür sein, sie auf das Erzählen der eigenen Geschichten zu bringen. Sicherlich ist dabei immer entscheidend, *wem* ich meine Geschichte erzähle. Einer Freundin erzähle ich anders von mir als einem Lehrer oder meinen Eltern. Dieser narrative Weg, die eigene Lebensgeschichte aufzufinden, stellt für die Schülerinnen und Schüler eine Herausforderung dar; wenn man sie beim Chatten beobachtet, dann wird auch hier erzählt; zwar in Worten und Abkürzungen (hdgdl – hab dich ganz doll lieb), aber doch mit dem Wunsch, dass das Gegenüber etwas von mir und meine Stimmungen und Gedanken spürt. Der Religionsunterricht kann und muss dafür Raum geben, Zeit zu finden, von sich zu erzählen. Sich seiner Lebensgeschichte erinnernd anzunähern, zurückzuschauen auf Dinge und Begebenheiten, die den Alltag ausmachten und überschritten; das alles hat stattgefunden und es ist gut, sich daran zu erinnern, denn damit zeigt sich mir meine eigene Geschichte.

Für viele Schülerinnen und Schüler ist diese Zeit für die eigenen Erinnerungen ein Novum. Und doch brauchen sie Wege zur eigenen Geschichte, zum Erzählen der eigenen story. Was hier alles eingebunden ist, wird erst im Erzählen deutlich und vernehmbar. Schönheiten des Lebens und Belastungen tauchen auf und finden in den Erzählungen der Jugendlichen eine Sprache – oft mit erstaunlichen Wahrnehmungen. Auch christliche Religion tut sich so auf: Die erste biblische Geschichte im Kindergarten erzählt, die Taufe eines Geschwister, die Hochzeit von ... usw. Die narrative Grundstruktur des eigenen Lebens kann so erspürt und wahrgenommen werden. Vielleicht kann man sich auch von anderen Biografien anstecken lassen, die eigene Geschichte zu erzählen.

Mit diesem Themenschwerpunkt konzentriert sich der Religionsunterricht zunächst auf die Lebens- und Glaubensgeschichte der Schülerinnen und Schüler, auf das, was im Versuch, die eigene Geschichte zu erzählen, auftaucht. Wie dann das Thema aufgegriffen werden kann, dass meine Lebensgeschichte von Gott her eine begleitete und umsorgte Geschichte ist, lässt sich auf Wegen thematisieren, die im Folgenden entfaltet werden sollen:

Entfaltung: Die eigene Lebens- und Glaubensgeschichte aufspüren lernen

Meine Lebensgeschichte ins Bild eintragen

Dieses Bild von Paul Klee, Haupt- und Nebenwege, bietet sich an, Schülerinnen und Schüler in die eigene Geschichte zu führen (M1).

- Die Lebensgeschichte einzeichnen: Das Bild schwarz/weiß kopiert ermöglicht es, danach zu suchen, wie ich meine Lebensgeschichte darin einzeichnen kann, begleitet von der Frage „Bin ich immer schon auf dem Hauptweg?" „Wo mache ich den Anfang meiner Geschichte fest?" „Was sind besondere Ereignisse, an die ich mich erinnere?" Damit eröffnet sich ein Gespür für die Zeitlichkeit des eigenen Lebens: Anfang und Heute treten vor Augen und eine noch ungewisse Zukunft zeigt sich: „Wie hat meine Geschichte begonnen?" „Wohin könnte meine Geschichte gehen?" „Was erhoffe ich mir für meine Zukunft?" Oder es zeigen sich auch Feststellungen „Ja, mein Leben hat einmal ein Ende."
- Offenes Gespräch mit dem Bild: Die Haupt- und Nebenwege des eigenen Lebens entdecken: „Was sind Nebenwege in meinem Leben?" „Fühle ich mich durch meine ‚Nebenwege' ausgegrenzt?" „Gibt es überhaupt ein geradliniges Leben, das keine Umwege und Nebenwege kennt?"

Eine Lebens- und Glaubensgeschichte kennen lernen (Ganzlektüre) und die Tiefendimension des Lebens ausschreiten

Mit einer Ganzlektüre (oder in Auszügen) kann die narrative Dimension, die christlichen Glauben bestimmt, vertieft wahrgenommen werden. Weil der Unterricht für das Verwickeltsein der eigenen Lebens- und Glaubensgeschichte sensibilisieren will, eignet sich die Lektüre einer Lebensgeschichte: Ulrike Welker, Dietrich Bonhoeffer entdecken, Neukirchner Verlag, Neukirchen-Vluyn 2000. Das Besondere an diesem Buch ist die konzentrierte Wahrnehmung der Lebensgeschichte Dietrich Bonhoeffers, die vielfältige thematische wie biografische Perspektiven eröffnet: Das spirituelle, politische, private Leben Bonhoeffers wird in kurzen und wenigen aber doch eindrücklichen Texten vorgestellt. Damit können die Schülerinnen und Schüler zunächst in der Distanz zur eigenen Geschichte bleiben und eine Lebens- und Glaubensgeschichte kennen lernen. Die Lektüre eröffnet zugleich theologische Themen:

- Mit Gott leben trotz Gefährdungen des eigenen Lebens (M2).
- Politischer Widerstand eines Christen (M3).
- Lebensgeschichte und Lebensende Bonhoeffers: Leben mit Gott – was ist das? (M4)
- Das Lebensende Bonhoeffers: dazu das Bild seiner Zelle der Einzelhaft in Berlin-Tegel (M5)

Die Schwierigkeit besteht darin, dass Schülerinnen und Schüler der Sekundarstufe I in der Regel noch nicht intensiv über das Dritte Reich informiert sind, schon gar nicht über kirchengeschichtliche Aspekte. Diese Lektüre wäre ein Erstkontakt und muss als solche eine geeignete Einführung erfahren – durch Lehrervortrag und/oder Referat.

Verfremdung – Lebensgeschichte im Gedicht

Mit einem poetischen Text von Kurt Marti kann die Wahrnehmung von Lebens- und Glaubensgeschichte weitergeführt werden. Dieses Gedicht greift auf die Hoffnung aus, auf die Zukunft des je eigenen Lebens. Es lässt die Endlichkeit des eigenen Lebens ebenso wahrnehmen wie eine Zukunft, die freilich noch unbestimmt ist, aber doch ein Gegenüber hat (M6).

Zur Interpretation des Gedichtes: Hier öffnet sich die Spannung „Leben jetzt und Sterben einst". Die Schülerinnen und Schüler probieren, ob sie auch im eigenen Leben die Dimensionen des Gegenwärtigen wie des Ewigen entdecken.

- Im Gedicht wird die *Lebenszeit* nicht in den Kategorien Leben und Lebensende gezeigt, sondern wird durch das *Du* neu ausgerichtet: Das eigene Leben wird im Gegenüber zum Leben mit Gott aufgesucht.
- Die *Endlichkeit* mitsamt der darin gegebenen Erfahrungen „das Leben jetzt" und das Ende des Lebens „das Sterben einst" wird neu qualifiziert. Auf beide Perspektiven kann sich der Unterricht beziehen: Gegenwart und Zukunft der eigenen Lebensgeschichte.

Im Unterrichtsgespräch: Die eigene Gegenwart, das Hier und Heute, mit allem Beglückenden, aber auch allem Bedrohlichen kommt in den Blick; dann auch das „ewige Leben", das allein metaphorisch zu beschreiben ist. Doch du darin, hoff ich, DU:

- Das eigene Leben wird im Gegenüber zum DU aufgesucht: Es macht das Leben schön auch und trotz seiner Endlichkeit (Text von Dorothee Sölle M6)
- Das Leben weist aber immer über sich hinaus und eröffnet den Blick auf die Zukunft als einer Zukunft, in der die Menschen bei Gott sein werden und Gott mit ihnen – Ewigkeit.

Aufsuchen biblischer Bezüge: Mit biblischen Bezügen lässt sich die eschatologische Zukunft metaphorisch ausschreiten: 1 Kor 15, 51: „Wir werden aber alle verwandelt"; Joh 14, 27: „Meinen Frieden gebe ich euch". Was heißt es, verwandelt zu werden? Was heißt es, des Friedens Christi teilhaftig zu werden und im Frieden Gottes zu leben? Diese Bilder der Ewigkeit (Verwandlung, Friede) erschließen das, was sich nur schwer in Sprache fassen lässt.

Vom KlKat her

... daß uns Gott wollt' behüten und erhalten: Die Hoffnung, die Kurt Marti in seinem Gedicht zur Sprache bringt, ist wie eine Metapher zu lesen: „Doch du darin, hoff ich, DU": Damit diese Hoffnung für die Jugendlichen ausgeschritten werden kann und sie eine Ahnung davon gewinnen, was sich darin verbirgt, wird der Auszug zur Auslegung der 6. Bitte des Vaterunsers des KlKat in einer überarbeiteten Form ausgeteilt (M7).

Sie erhalten den Textauszug: „Gott überlässt uns nicht den Feinden des Lebens. So rufen wir ihn an und trauen ihm allein, dass er das Böse überwindet und uns nicht in Verzweiflung stürzt."

Fragespiel: Christen leben von dieser Hoffnung „doch du darin, hoff ich, DU" – Was verbirgt sich hinter dieser Hoffnung? Christen sind nicht den Feinden überlassen. Spürt dem nach, was das heißen könnte! Das Böse ist überwunden? Habt ihr eine Idee, worauf sich hier Luther, der den KlKat geschrieben hat, bezieht?

Die Schülerinnen und Schüler reflektieren in *Einzelarbeit:*

- „Was mein Leben schwer macht": Sie schreiben mit Bleistift auf einem schwarzen Blatt ihre Aspekte auf, kleben dieses Blatt dann mit der beschriebenen Seite nach unten ins Heft ein und betiteln diese Seite mit ‚top secret'.
- „Die eigene Sehnsucht auf Leben": Inmitten der vielen Dinge, die Jugendliche bedrängen, findet sich die Sehnsucht nach Leben: Sie erstellen dazu eine kleine Collage in ihrem Heft mit dem Titel: „Das wünsch ich mir für mein Leben".

An einem Lied arbeiten und Distanz zur eigenen Sehnsucht aufbauen

Die Schülerinnen und Schüler lernen (z.B.) das Lied der Gruppe Overground kennen, das das Thema Sehnsucht aufgreift und mit dem Bezug auf „Komm wünsch dir was! Für die Ewigkeit?" eigenwillig akzentuiert (M8): Einer, der hoffnungslos verliebt ist und seine Stimmungen in diesem Lied ausdrückt, hofft darauf, dass die Beziehung doch noch gelingen könnte. Seine Sehnsucht zeigt sich in seiner Einsamkeit: Er weint im Schlaf, Bilder der Geliebten erscheinen in seinen Träumen und er ruft nicht an, weil er auf eine Reaktion von ihr warten will.

Mit „Komm wünsch dir was! Für die Ewigkeit?" drückt sich sein Wunsch aus, dass die von ihm Geliebte doch noch reagieren wird: Ewigkeit scheint hier als Unerreichbares und doch zugleich als eine Hoffnung auf eine Veränderung – nicht mehr allein zu sein – und dass sich die Träume erfüllen werden. Das Lied von Overground lässt Ewigkeit im Kontext einer Lebensgeschichte wahrnehmen: Ewigkeit wird zum Ort der Sehnsucht, der Veränderung und Überwindung dessen, was ist.

Thematisierung des Liedes: Dabei können eigene Sehnsüchte der Schülerinnen und Schüler ins Spiel kommen, eigene Erfahrungen des Schmerzes und der Einsamkeit; gleichwohl müssen diese im Religionsunterricht nicht unmittelbar aufgenommen werden, sondern mit dem Lied bleibt eine Distanz erhalten, die Jugendliche brauchen.

Die Distanz aufgeben: Über eigenen Schmerz und eigene Hoffnungen nachdenken. Komme ich diesen mit dem Lied auf die Spur?

Von anderen Liedern erzählen: SchülerInnen überlegen, welche Lieder/Songtexte ihnen besser gefallen und welche Lieder ihren Hoffnungen mehr Raum geben als das Lied von der Gruppe Overground. Evtl. bringen SchülerInnen in der nächsten Stunde ihre Lieder zum Anhören mit.

M1 Hauptweg und Nebenwege

Paul Klee, Hauptwege und Nebenwege, 1929 © VGBild-Kunst, Bonn 2006

Siehst du die „Wege" auf dem Bild?
Zeichne deinen Weg hinein – gerade? Oder mit „Spurenwechsel"?
Drehst du das Bild vielleicht um?
Am Rand kannst du Beschriftungen anbringen.

Dietrich (...) schlug vor, alle Pfarrer sollten streiken und keine Beerdigungen mehr halten. Das aber ging den anderen zu weit. Auch sein Vorschlag, aus der unchristlichen Kirche auszutreten, fand kein Gehör. Dietrich fühlte sich isoliert und einsam. Deshalb nahm er im Herbst 1933 das Auslandspfarramt für zwei deutsche Gemeinden in London an. Er wollte sich diese Stelle mit Franz Hildebrandt teilen.

Dietrich brauchte den Abstand von Deutschland, um seine Haltung zur Kirche zu prüfen. Er wollte auch versuchen, die Ökumene dafür zu gewinnen, auf die deutsche Kirche Einfluss zu nehmen.Woran aber orientierte er sich bei der Beurteilung der Lage? Wie verantwortete er seine Entscheidungen?

Nach seiner Studienzeit in New York war Dietrich immer deutlicher geworden, dass er Jesus Christus dienen wollte. Er hatte angefangen, täglich intensiv über eine Bibelstelle nachzudenken – sie zu meditieren – und regelmäßig zur Kirche zu gehen. Mit der Hingabe an Jesus Christus, der seinem Leben den Mittelpunkt gab, hatte er ein Maß gewonnen, um die Kirche zu beurteilen: Handelt und verkündigt die Kirche so, dass sie Jesus Christus nachfolgt, wie er in der Bibel überzeugt ist? Nach dieser Richtschnur konnte er auch die Handlungen des Staates einordnen. Diese Ausrichtung an der Wahrheit, wie sie uns in Jesus Christus begegnet, bestimmte seine Entscheidungen.

Von London aus verfolgte Dietrich gespannt die Entwicklung in der deutschen evangelischen Kirche. Was er kaum mehr gehofft hatte, geschah 1934: Viele Menschen, die gegen die „Deutschen Christen" und deren blinde Unterstützung der Nazis waren, schlossen sich zur „Bekennenden Kirche" zusammen – das heißt, dass sie Jesus Christus bekennen und entsprechend handeln wollten. Sie waren empört, dass die Deutschen Christen das Alte Testament als „jüdisches Buch" ansahen und abschaffen wollten. Sie waren empört, dass die Kirche ihre Eigenständigkeit verlor: Zum Beispiel wurden die evangelischen Jugendverbände einfach der Hitlerjugend eingegliedert. Sie waren empört, dass das, was die Kirchenleitung tat, nicht mehr in kirchlichen Zeitschriften diskutiert werden durfte.

Bei einem Treffen in Barmen/Wuppertal im Jahr 1934 verabschiedeten die Vertreter der Bekennenden Kirche die so genannte *Barmer Theologische Erklärung.* Sie ist bis heute berühmt – weit über Deutschlands Grenzen hinaus, denn sie hält fest, was für Christen, die an Gott glauben, grundlegend ist. In der *Barmer Theologischen Erklärung* heißt es: „Jesus Christus, wie er uns in der Heiligen Schrift bezeugt wird, ist das eine Wort Gottes, dem wir im Leben und im Sterben zu vertrauen und zu gehorchen haben." Das bedeutet: Die Grundlage der Kirche und des Glaubens ist Jesus Christus. In der Bibel finden wir alles, was wir über ihn wissen müssen. Wenn ein Führer oder eine Partei das Vertrauen auf Jesus Christus verächtlich macht oder sogar für sich beansprucht, müssen wir Widerstand leisten.

Fortsetzung folgt auf Seite 76

M2 Dietrich Bonhoeffer entdecken – Christus allein

Fortsetzung von Seite 75

Dietrich war sehr froh über die *Barmer Theologische Erklärung.* Sie versetzte der nationalsozialistischen Propaganda einen Schlag. Jetzt wollte Dietrich erreichen, dass die Ökumene die Bekennende Kirche anerkannte, und nicht mehr die Reichskirche. Aber dazu kam es nie, obwohl er einen starken Verbündeten gewonnen hatte: den Bischof von Chichester in England, George Bell, Präsident des Weltrates für Praktisches Christentum.

Vielmehr gab es Konflikte, als Dietrich – in seiner Stellung als Jugendsekretär – für Jugendkonferenzen der Ökumene nur Vertreter aus der Bekennenden Kirche auswählte. Daraufhin legte er seine Ämter in der Ökumene nieder.

Dietrich sah deutlich ein Problem in der Bekennenden Kirche. Sie nahm zu politischen Ereignissen nicht Stellung, sondern konzentrierte sich ganz auf die Aufgaben im kirchlichen Bereich. Er selbst aber erlebte das Elend der Emigranten in London. Das waren Menschen, die aus religiösen oder politischen Gründen oder als rassisch Verfolgte aus Deutschland geflohen waren. Sollten sie in der Kirche keinen Fürsprecher haben? Dabei heißt es doch in der Bibel: „Tue deinen Mund auf für die Stummen!" (Sprüche 31,8)

1935 kehrte Dietrich nach Deutschland zurück. Die Bekennende Kirche hatte beschlossen, ihre Vikare selbst auszubilden. Predigerseminare wurden gegründet. Schon Ende des Jahres wurden sie aber vom Kirchenminister für gesetzwidrig erklärt. Die Seminare arbeiteten von da an illegal, ohne gesetzliche Genehmigung. Dietrich sollte das Predigerseminar auf dem Zingsthof bei Zingst an der Ostsee leiten, das im Laufe des Sommers nach Finkenwalde (hinter Stettin) umziehen musste. Er war kaum älter als die Mitglieder seines ersten Kurses.

Jetzt endlich hatte Dietrich das Gefühl, die richtige Aufgabe gefunden zu haben. Er dachte mit den jungen Männern über die Frage nach: Was ist Nachfolge? Wie verkündigen und handeln wir so, dass wir darin Jesus Christus nachfolgen, wie er in der Bibel bezeugt ist? Im praktischen Leben dieser Gruppe hieß das: Wir leben in der Gemeinschaft und teilen unseren Besitz. Das waren im Wesentlichen natürlich Dietrichs Sachen und sein Geld.

Viele Menschen fanden, Dietrich sei radikal. Er wurde heftig kritisiert. Man warf ihm vor, er verbreite Irrlehren. Manche sahen ihn dem Katholizismus zuneigen oder in „Möncherei" verfallen. Manche verargten es ihm, dass er auch alttestamentliche Bibelarbeiten machte. Vor allem aber verstanden sie nicht, dass er immer wieder fragte: Was ist die wahre Kirche?

Gib den Abschnitten Überschriften.
Was für ein Problem hat Bonhoeffer mit seinen Amtskollegen?
Was erhofft er von der Kirche?
Was ist sein Maßstab?

1937 schloss die Gestapo, die Geheime Staatspolizei, das Seminar. Das war eine der vielen Maßnahmen, um die Reste der Bekennenden Kirche zu zerstören. Ende 1937 waren über 800 Pfarrer und andere Angehörige der Bekennenden Kirche verhaftet worden. Einige wurden sogar in Konzentrationslager gebracht. Als Grund genügte es, im Gottesdienst für die zu beten, die verhaftet worden waren, denn solche Fürbitte war verboten.

Dietrich setzte die Arbeit in so genannten Sammelvikariaten fort, die natürlich illegal waren. Die Woche über unterrichtete er die von den Pfarrern freigestellten Vikare in leer stehenden Häusern. Es wurde eine unruhige Zeit, nicht geeignet dazu, neue theologische Gedanken gründlich zu entwickeln. Dietrich vermisste das. Auch in seinem persönlichen Leben nahm er Einschränkungen auf sich. Es klingt wehmütig, wenn er nach der Hochzeit seines französischen Freundes Jean Lasserre schreibt: „Unsereiner kann sich das noch nicht erlauben. Dazu ist das Leben zu nomadenhaft." Tatsächlich hatte er seine Freundschaften zu einer Theologin der Bekennenden Kirche aus diesen Gründen abgebrochen.

Schon 1936 hatte Dietrich die Gewalt des Staates erfahren. Er hatte es dank seiner ökumenischen Verbindungen geschafft, mit dem Kurs nach Schweden zu fahren. Die dortige Presse hatte ausführlich davon berichtet. Das war den staatlichen Stellen in Deutschland nicht lieb. Das Kirchliche Außenamt warf ihm vor, Pazifist und Staatsfeind zu sein. Als er zurückkam, entzog ihm die Kultusminister die Erlaubnis, weiterhin an der Universität zu unterrichten.

Zwei Jahre später wurde Dietrich verboten, zur Besprechung von kirchlichen Angelegenheiten nach Berlin zu fahren. Er konnte aber wenigstens noch seine Eltern besuchen. Das war ihm auch deshalb wichtig, weil er dort über seine Brüder und Schwäger die neuesten politischen Nachrichten erhielt.

Dietrich sah mit größter Besorgnis, dass die Bekennende Kirche nichts gegen das Unrecht tat, das sich im Staat ausbreitete. Selbst nach der so genannten *Reichskristallnacht* vom 09. November 1938 schwieg sie. In dieser Nacht zündeten nationalsozialistische Schlägertrupps die Synagogen, die Gotteshäuser der Juden, im ganzen Land an. Sie zerstörten jüdische Geschäfte und schlugen die Schaufensterscheiben ein (deshalb die Bezeichnung Kristallnacht). Sie ermordeten viele Menschen. 35000 Juden wurden in dieser Nacht in Konzentrationslager gebracht.

Dietrich fragte sich, ob die Christen, die dazu nichts sagen, nicht zu Mittätern würden. In seiner Bibel unterstrich er einen Vers aus Psalm 74: „Sie verbrennen alle Häuser Gottes im Lande" und schrieb daneben: 9.11.1938. In diesen Tagen soll er gesagt haben: „Nur wer für die Juden schreit, darf auch gregorianisch singen." Er meinte damit: Nur wer für die Juden Partei ergreift, darf sich im Gottesdienst darauf konzentrieren, die anspruchsvollen gregorianischen Choräle zu singen.

Fortsetzung folgt auf Seite 78

M3 Dietrich Bonhoeffer entdecken – Widerstand

Fortsetzung von Seite 77

Ehe die Pässe von Juden mit einem J (für Jude) gestempelt und die Zusatznamen „Israel" (für Männer) und „Sarah" (für Frauen) gegen Gebühr darin eingetragen wurden, emigrierte Dietrichs Zwillingsschwester Sabine mit ihrem Mann Gerhard Leibholz, der „Judenchrist" war, und ihren beiden Kindern nach England. Ihr Schwager Hans von Dohnanyi hatte sie rechtzeitig warnen können.

Hans, der mit Dietrichs Schwester Christine verheiratet war, (...) war es auch, der Dietrich in den Plan einweihte, das Militär gegen Hitler aufzuwiegeln. Er arbeitete zusammen mit Hans Oster vom militärischen Geheimdienst, der so genannten Abwehr unter der Leitung von Admiral Canaris. Diese Gruppe unternahm verschiedene Umsturzversuche, die aber alle scheiterten. Jetzt war Dietrich Mitwisser bei der Verschwörung. Darauf allein stand schon die Todesstrafe.

Dietrich gelang es, der Einberufung zur Wehrmacht zu entgehen. Seine amerikanischen Freunde hatten ihm nämlich eine Einladung verschafft, in New York und an anderen Orten Vorlesungen zu halten. Darüber war er sehr froh. Die Weigerung, Kriegsdienst zu leisten, galt als feindliche Einstellung gegenüber dem Staat. Damit hätte er seiner Kirche sehr geschadet – von den Folgen für ihn selbst ganz abgesehen. Dietrich reiste also wieder nach Amerika, blieb aber nur wenige Wochen. Er konnte die Unruhe nicht überwinden, die ihn ergriffen hatte. Deutschland steuerte auf den Zweiten Weltkrieg zu. Sollte er sich da in Sicherheit befinden? Als er ein geheimes Signal bekam, dass der Krieg bevorstehe, entschied er sich für die umgehende Rückkehr. Mit dem letzten Schiff vor Kriegsausbruch reiste er nach Europa zurück.

Dietrich begründete seine Entscheidung so: Nach dem Krieg wird das christliche Leben in Deutschland wieder aufgebaut werden. Ich werde kein Recht haben, mich daran zu beteiligen, wenn ich die schwierigen Zeiten nicht mit meinem Volk durchlebe. Die Christen in Deutschland befinden sich in einer tragischen Situation. Denn ihnen bleibt nur eine schreckliche Wahl: Entweder sind sie dafür, dass ihr Land den Krieg verliert, damit die christliche Kultur weiterleben kann. Oder sie sind für den Sieg ihrer Nation und zerstören damit die Zivilisation. Am 1. September 1939 fing Deutschland den Zweiten Weltkrieg an. Deutsche Soldaten fielen in Polen ein.

Ulrike Welker, Dietrich. Bonhoeffer entdecken © Neukirchener Verlagshaus, Neukirchen-Vluyn, 3. Auflage 2005

Gib deinen Abschnitten Überschriften.
Warum kehrt Bonhoeffer nach Deutschland zurück?

Dietrich wusste, dass die Kirche kaum Verständnis für seine Arbeit im Widerstand aufbringen würde. Denn einen solchen Widerstand gegen den Staat hatte sie noch nicht mitgetragen. Er stand weiterhin zu seiner Entscheidung. Aber er litt darunter, dass er sie ohne Absprache mit der Kirche hatte treffen müssen. Er fühlte sich sehr einsam und fragte sich: Kann ich später überhaupt wieder ein Amt in der Kirche übernehmen? Er erwartete nicht, in die Fürbittenlisten aufgenommen zu werden. Umso mehr freute er sich, als er im Oktober 1943 einmal in einem Gottesdienst im Fürbittengebet in Breslau namentlich genannt wurde.

Im Juli 1944 sollte Oberst Claus Graf Schenk von Stauffenberg, der Zugang zu Hitler hatte, endlich das Attentat auf ihn ausüben. Am 20. Juli stellte er eine Tasche mit der Bombe so ab, dass sie Hitler bei der Lagebesprechung treffen musste. Dann verließ er den Raum. Doch ein Offizier stellte die Tasche um, weil sie ihn störte – und Hitler entging auch diesem Anschlag. Nach dieser Bombenexplosion wurden 7000 Menschen verhaftet. 170 wurden umgebracht.

Stauffenberg und andere aus dem Widerstandskreis wurden sofort getötet, darunter auch Paul von Hase, Dietrichs Onkel, der Stadtkommandant von Berlin war. Hans von Dohnanyi kam ins Konzentrationslager Sachsenhausen. Dietrich hatte als Helfer bei den vielen Bombenangriffen auf Berlin Zugang zum Krankenrevier seines Gefängnisses. Dort konnte er Radio hören, manchmal sogar den verbotenen englischen Sender BBC. Schon am 21. Juli, dem Tag nach dem gescheiterten Attentat, sah er sein Schicksal als besiegelt an.

Zunächst geschah allerdings gar nichts. Doch im September wurden unglücklicherweise Akten gefunden, die deutliche Hinweise aus seine und Hans von Dohnanyis Beteiligung am Widerstand enthielten. Dietrich wollte fliehen. Ein Wächter, Unteroffizier Knobloch, hatte ihm zugesagt, ihn als Monteur verkleidet in einem Berliner Arbeiterviertel untertauchen zu lassen. Aber dazu kam es nicht. Im Oktober 1944 wurden Dietrichs Bruder Klaus, sein Schwager Rüdiger Schleicher und sein enger Freund Eberhard Bethge im Zusammenhang der Verschwörung verhaftet. Dietrich wollte sie, seine Eltern und Maria nicht durch seine Flucht gefährden.

Hitler ließ die Verschwörer nicht sofort ermorden, weil er das weitere Umfeld des Widerstands aufdecken wollte. Im Oktober 1944 holte die Gestapo Dietrich aus dem Tegeler Gefängnis in das gefürchtete Kellergefängnis des Reichssicherheitshauptamts in der Prinz-Albrecht-Straße. Hoffnung auf einen Umsturz gab es nicht mehr. Auch die Familie und die Freunde konnten nicht mehr helfen. Canaris, Oster und andere saßen selbst in der Prinz-Albrecht-Straße gefangen. Die Haftbedingungen hier waren viel schlimmer als im Tegeler Gefängnis. Die Zellen waren knapp eineinhalb mal zweieinhalb Meter groß. Dietrich wurde mit Folter bedroht. Das Schicksal seiner Braut und seiner Familie würde von seinen Aussagen abhängen. Maria und die Eltern bekamen keine Sprecherlaubnis.

Im Februar 1945, als die Angriffe auf Berlin auch das Reichssicherheitshauptamt getroffen hatten, wurde Dietrich ins Konzentrationslager Buchenwald in Thüringen verschleppt. In einen Sonderkeller – feucht, kalt, ohne Tageslicht. Die Familie erfuhr nichts davon. Maria machte sich trotz des allgemeinen Zusammenbruchs

Fortsetzung folgt auf Seite 80

M4 Dietrich Bonhoeffer entdecken – Glaube und Politik

Fortsetzung von Seite 79

mitten im Winter mit einem Koffer voller warmer Kleidung nach Bayern auf. Sie hoffte, Dietrich dort in einem der Lager zu finden. In den Konzentrationslagern Dachau und Flossenbürg fragte sie nach ihm. Sie wurde abgewiesen. Im März war sie wieder in Berlin.

Am 5. April 1945 befahl Hitler, die Widerstandsgruppe um Canaris zu vernichten. Am 8. April sollten Canaris, Oster, Dietrich und andere im bayrischen Konzentrationslager Flossenbürg zum Tode verurteilt werden. Dietrich aber fehlte. Er war versehentlich nach Schönberg im Bayerischen Wald gebracht worden. Dort hielt er am 8. April für die Gefangenen eine Andacht. Im Zeichen des allgemeinen Zusammenbruchs kam leise die Hoffnung auf baldige Befreiung auf. Doch am Mittag dieses Tages wurde Dietrich abgeholt. Er trug einem englischen Offizier noch einen Gruß an seinen Freund George Bell auf: „Sagen Sie dem Bischof, dies ist das Ende – für mich der Beginn des Lebens." Nachts traf er in Flossenbürg ein. Nach kurzer Verhandlung wurden Dietrich und die anderen Widerstandskämpfer am frühen Morgen des 9. April gehängt. Der Lagerarzt berichtete nach dem Krieg, es habe ihn sehr erschüttert, als er Dietrich vor seinem Tod in innigem Gebet in einem Raum knien sah. Nach einem weiteren kurzen Gebet an der Hinrichtungsstätte habe er dann mutig und gefasst die Treppe zum Galgen bestiegen.

(...) Nach dem Krieg wurden Dietrichs Briefe aus der Haft veröffentlicht. Bald schon erschienen Übersetzungen seiner Briefe und seiner Bücher in vielen Sprachen. Sie waren und sind hilfreich für Menschen, die sich über ihren christlichen Glauben klar werden wollen. Sie sind besonders lebendig unter Menschen, die in Unterdrückung lebten oder leben, z.B. in den Befreiungskirchen Südafrikas oder Lateinamerikas. Sie sind wichtig für alle, die die Kraft zum Widerstand und den Trost des Glaubens in Not und Unterdrückung suchen.

In einem Gedicht, für Maria und seine Familie geschrieben, hat Dietrich Ende Dezember 1944 diesen Trost des Glaubens zum Ausdruck gebracht. Die siebente Strophe ist am bekanntesten: *Von guten Mächten wunderbar geborgen/ erwarten wir getrost, was kommen mag./ Gott ist bei uns am Abend und am Morgen/ und ganz gewiss an jedem neuen Tag.*

Dietrich war 39 Jahre alt, als er ohne ordentliches Gerichtsverfahren hingerichtet wurde – im Namen eines menschenverachtenden Staates, der unendliches Leid über die Welt gebracht hat. Er lebt weiter in seinen Schriften, im Vorbild seiner reichen und starken Persönlichkeit, im Vorbild seines Glaubens und seines geradlinigen christlichen Lebens in bedrängter Zeit.

Gib den Abschnitten Überschriften.
Sag es in einem Satz: Wofür steht Dietrich Bonhoeffer?

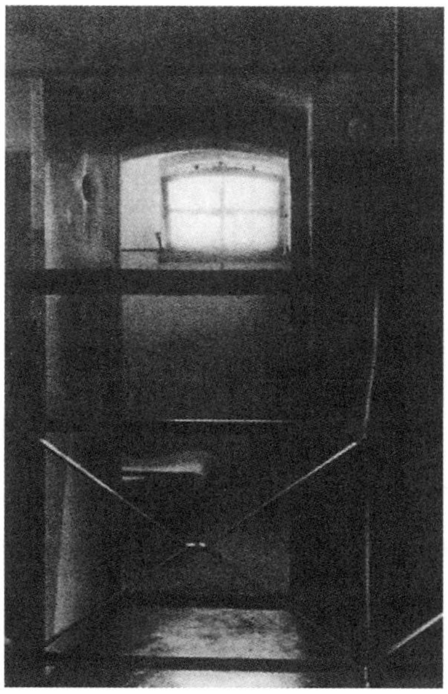

Bild der Gefängniszelle, in der Bonhoeffer in Berlin-Tegel war (2×3 Meter groß), aus: Welker, Ulrike: D. Bonhoeffer entdecken, S. 54.

Schreibe deine spontanen Empfindungen neben das Bild.
Lies das Lied „Von guten Mächten" – suche einige Verse heraus, die dir besonders das Unerhörte vor Augen führen: In so einer Zelle – solch ein Text!

EG 65: **Von guten Mächten treu und still umgeben**

M6 Gedicht von Hoffnung

O nein, o nein,
ich hab' mein Leben
nicht im Griff,
überhaupt nicht.
Eher umgekehrt:
ES hat MICH.

ES:
das Leben jetzt
das Sterben einst,
doch du darin, hoff' ich,
DU

____
____
____
____
____
____
____
____
____

Kurt Marti: Ungrund Liebe. Klagen, Wünsche, Lieder

Nimm die ersten vier Zeilen und schreib sie selbst ein Stück weiter – vielleicht mit einem Beispiel oder einer versuchten Begründung?

Lies den folgenden Text von Dorothee Sölle: Das DU wird hier erklärt als ein Vorgang, der Menschen schön macht: Was ist das für ein DU?

Es ist der Glaube, der Menschen schön macht. Schön ist, wer etwas ganz, unabgelenkt, mit allen seine Kräften tut. ... Jeder Lebensausdruck, zum Beispiel jede menschliche Beziehung oder auch jede schöpferische Tätigkeit, soll „ganz", das heißt alle Kräfte beteiligend sein. ... Schön wird ein Mensch in der Erfahrung der Ganzheit seiner Kräfte, im unverdrängten Zusammenspiel. „Glauben" ist eine alte religiöse Ausdrucksweise, um von diesem Glücken, diesem Ganzsein zu sprechen. Im Glauben sind wir ganzheitlich, ohne die Ausklammerung und Verleugnung einiger unserer Fähigkeiten, auf die Verwirklichung von Wahrheit bezogen. Zum Glauben kommen heißt eintreten in den Kampf gegen den herrschenden Zynismus. Es bedeutet, immer angstfreier zu werden. Es bedeutet, das große Ja zu sagen, das alte Vertrauen, das uns vielleicht in die Kindheit schien, zu erneuern und wahr zu machen, es bedeutet, Gott lieben mit ganzem Herzen, mit ganzer Seele, ganzem Gemüte, ohne Abstriche, ohne: Ja, wenn du mir das und das gibt's ... und ohne: Aber du hast doch früher ... Es ist ein Ja ohne Wenn und Aber, es ist das große Ja. Es hat Anteil an der Schönheit und Militanz des Lebens, und es ist das, was die Schönen schön macht und die Militanten mutig und selbstvergessen.

Dorothee Sölle: Wählt das Leben, © Kreuz Verlag, Stuttgart 1980, S. 29–31

Und führe ______________________________

Luther fragt: Was ist das?

Luther antwortet:

Gott überlässt uns nicht den Feinden des Lebens.
So rufen wir ihn an und trauen ihm allein,
dass er das Böse überwindet
und uns nicht in Verzweiflung stürzt.

Ergänze den Wortlaut der sechsten Bitte des Vaterunsers (Hilfe: EG 806.3).

Die Bitte enthält ein schweres Wort – ______________________.
Finde heraus, wie Luther dieses Wort versteht.

Schreib deine eigene Antwort auf die Frage „Was ist das?"

M8 Der letzte Stern

Und wenn dein Bild in meinen Träumen erscheint,
Ich weine im Schlaf, ich bin so allein.

Ich frage mich, was ich hab,
ich glaub, ich brauch einen Arzt,
wegen dir, du machst mich krank,
ich denk an dich zu oft!

Frag mich nicht, was ich hab – nein,
es macht mir alles gar kein Spaß,
wegen dir, du bist so weit entfernt
und nicht bei mir!

Jede Nacht, jeden Tag,
Meine Liebe ist in deiner Macht,
du bist mein Elixier!
Jedes Mal wenn du mich besuchst,
Jeder weiß, es geht mir gut!
Deswegen ruf ich nicht an!

Und wenn der letzte Stern vom Himmel fällt,
Komm, wünsch dir was! Für die Ewigkeit?
Und wenn dein Bild in meinen Träumen erscheint?
Ich weine im Schlaf, ich bin so allein!

Overground

Du kannst den restlichen Text (in unterschiedlichen Versionen) im Internet finden. Besser: Den Song hören!
Wovon spricht der Sänger? Was ist sein Thema, was/wen soll sein Lied „erreichen"?

Lies den Text laut und markiere die Wörter, die mit „jetzt" oder mit „später – wann?" zu tun haben.
Schreib einen eigenen Liedtext: „Ich frag mich, was ich hab" – kommt bei dir auch „jetzt" und „für immer" vor?

Lernweg 6: 8./9. Klasse

Wege, die ich gehe

Wege,
die ich gehe.
Sackgassen.
Manchmal
neue Wege,
weit und
offen.
In diesem sechsten Lernweg
suche ich
Räume auf,
zum Leben –
Geschichten anderer;
Probiere sie aus
auf Gottes
Treue
hin.

Religionsunterricht als Raum,
in dem Schülerinnen und Schüler Kompetenz
gewinnen in der diskursiven Annäherung
an die Frage:
Gottes Treue – für mich?

Bezug zum Kleinen Katechismus

Gott will damit uns locken, daß wir gläuben sollen, er sei unser rechter Vater und wir seine rechte Kinder, auf daß wir getrost und mit aller Zuversicht ihn bitten sollen wie die lieben Kinder ihren lieben Vater (Auslegung zum Abschnitt „Vaterunser, der du bist im Himmel")

Grundlegung: Gottes Treue auf den Wegen, die ich gehe

In diesem Abschnitt aus dem KlKat geht es um ein „Locken Gottes" – ein altmodisches Wort, hinter dem sich allerdings etwas Wesentliches des christlichen Glaubens verbirgt: Gott wird als ein verlässliches Gegenüber wahrgenommen, der die Bitten des Menschen hört. Die Bezeichnungen „rechter Vater" und „rechte Kinder" wollen das Verhältnis zwischen Gott und Mensch beschreiben. Locken, das kann heißen, herausgefordert werden, zu fragen: Gibt es in meinem Leben ein verlässliches Gegenüber?

Gott als der „rechte Vater" steht dafür ein, dass Menschen sich getrost und mit aller Zuversicht an ihn wenden können. Gott wird sein Vatersein für den Menschen erweisen, das unvergleichlich ist mit all dem, was Menschen mit eigenen leiblichen Vätern erfahren und erlebt haben.

Gottes Vatersein zeigt sich in seinem Handeln in Christus. Im Religionsunterricht wird diese sehr gehaltvolle Theologie nicht unmittelbar zu thematisieren sein, sondern es müssen elementare Wege bereitet werden, dass Jugendliche in diese eigene Logik christlicher Religion hineinfinden können.

Wie können Jugendliche eine Vorstellung davon gewinnen, dass Gott der rechte Vater ist? Dafür müssen Spuren gelegt werden, die erste Annäherungen ermöglichen von Gott als dem rechten Vater sprechen zu lernen. Es bietet sich an, dabei von Jesus Christus auszugehen. Gottes Vatersein zeigt sich in der Geschichte Jesu Christi: Das stellvertretende Handeln Christi führt vor, dass Gott in Treue zu seinen Geschöpfen steht, wie fern oder nah sie ihm auch sind. Das Vaterunser, das Christus seine Jünger lehrt, gibt eine Sprachform vor, in die Menschen einsteigen können, um zu lernen, mit aller Zuversicht Gott zu bitten – wie Kinder ihren lieben Vater.

Um Jugendliche in diese Thematik einzuführen braucht es einen Umweg: Mit dem siebten Vers des Lutherliedes „Nun freut euch, liebe Christengemein" zeigt sich eine didaktische Möglichkeit: Auch hier beginnt die Spurensuche in der Christusgeschichte:

> Er sprach zu mir: / Halt dich an mich, es soll dir jetzt gelingen, / ich geb mich selber ganz für dich, da will ich für dich ringen, / denn ich bin dein und du bist mein / und wo ich bleib, da sollst du sein, / uns soll der Feind nicht scheiden.

Mit der Aufforderung „Halt dich an mich" eröffnet die Christusgeschichte die Auseinandersetzung um Orientierungen für das eigene Leben. Diese Aufforderung steht gleichsam der Orientierungslosigkeit der Gegenwart gegenüber; sie klingt wie ein Haltepunkt in der religiös unübersichtlichen Gegenwart der Postmoderne; in die Frage gefasst: „Woran halte ich mich?" wird ein Lernweg eröffnet, der Jugendlichen in die Auseinandersetzung um Orientierungen und Perspektiven für das eigene Leben führt.

Die Ausführung im KlKat – „Gott will uns locken" –, kommt damit didaktisch in den Blick, indem thematisiert wird, *wovon* ich mich locken lasse, *woran* ich mich halte. Im weiteren Verlauf des Lernweges wird es dann möglich – etwa an der Biografie Luthers – das Vaterunser als Sprachform zu zeigen, die Luther Worte gibt, in denen er sich bergen kann. „Getrost und mit aller Zuversicht" zu beten wird biografisch erschlossen.

Profil: Wege inmitten der Orientierungslosigkeit

Orientierungslosigkeit ist ein Kennzeichen der Spätmoderne. Vorgaben von außen, durch die Familie oder sozial selbstverständlich geteilte Werte, stehen den Kindern und Jugendlichen immer weniger zur Verfügung. Die immer neu auflebende Diskussion um Werte und den angeblichen oder tatsächlichen Werteverlust zeigt das gegenwärtig deutlich: Die Vielfalt der Angebote zwingt Erwachsene wie Kinder zu einer Wahl der Lebensperspektiven und Orientierungen, die sie nicht mehr oder nur sporadisch zu leisten in der Lage sind. Viele kommen hier an ihre Grenzen, da die Individualisierung von ihnen Eigenleistungen erwartet, die sie zu leisten kaum in der Lage sind. Vielmehr brauchen die Jugendlichen konstante und hilfreiche Unterstützung in der Ausbildung eigener Orientierungen und Perspektiven.

„Woran halte ich mich?" – Unter dieser Thematik soll nach Wegen gesucht werden, die orientieren helfen – sei es im Probieren und Kritisieren, sei es im Aneignen. Die Leitfrage kann dabei folgende sein: „Kann das, was mir christliche Religion anbietet, für mein Leben Geltung beanspruchen?"

Entfaltung: Orientierungen für das eigene Leben wahrnehmen lernen

„Nun freut euch liebe Christengemein" – Evangelisches Gesangbuch 341,7

Um sich dem Kern des Lieds bzw. der siebten Strophe zu nähern, versuchen die Schülerinnen und Schüler eine Übertragung ins Englische. Das dient einerseits dazu, die Fremdheit der Sprache Luthers zu überwinden, und verwickelt andererseits die Schülerinnen und Schüler in einen kreativen Prozess, der ihnen eigene Verantwortung für den Gehalt des Liedes überträgt.

Der *Kontext der Strophe* und der Zusammenhang des Lieds wird am besten im Gesangbuch selbst erforscht (mit M1): In Gruppen zu zweit oder dritt orientieren sich die Schülerinnen und Schüler über den Gedankengang, der der siebten Strophe vorausgeht. Luther eröffnet hier facettenreich einen Zugang zur Heilsgeschichte Jesu Christi: Das Gesetz Gottes erweist sich als den Menschen zu schwer; die guten Taten des Menschen erweisen sich als zu schwach, um Frieden mit Gott zu bewahren; Gott sendet seinen Sohn mit dem Auftrag, „den bittren Tod" zu erwürgen. Die Befreiung des Menschen – *Rechtfertigung* – gelingt, indem Menschen lernen, sich in ihrer ganzen Existenz auf Christus zu verlassen.

Mit der englischen Fassung wird weitergearbeitet: Wie wurden die deutschen Schlüsselbegriffe übersetzt: Halt dich an mich – gelingen – ich geb mich – ringen – scheiden?

M2 macht Vorschläge, die aber begründet ausgewählt und ausprobiert werden sollen.

Wurde das unpersönliche „es soll gelingen" persönlich und aktiv übersetzt: „You can succeed" oder ähnlich? Daran schließt sich die Frage: Inwiefern willst du erfolgreich sein?

Was sind die Ziele? Und wie könnte dabei die Nähe zu Christus („halt dich" = „hold on" oder „stand by"?) nützen, helfen, den Weg bereiten? – Woran hältst du dich im Leben? Worauf baust du?

Woran sich *Luther* in seinem Leben hält, kann mit dem Lied erschlossen werden. Es führt hin zum nächsten Schritt, anhand Luthers Biografie das aufzusuchen, woran sich Luther hält.

Vom KlKat her: Luthers Biografie

Die Schülerinnen und Schüler lernen Luthers Biografie kennen oder wiederholen sie. Dabei gibt das Lied die Perspektive vor, die für das Erzählen von Luthers Lebensgeschichte leitend sein kann: „Woran hält sich Luther in seinen verschiedenen Lebenssituationen?"

Neben dem Lied und der Erzählung (Schülerreferat? mit M3) kann der Luther-Film (mit Josef Finnes, Universal Pictures 2002) Antworten auf diese Frage bereit stellen.

Am Ende der Materialsuche steht kreatives Schreiben: Die Schülerinnen und Schüler versuchen aus der Begegnung mit Luthers Leben die Biographie Luthers zu beschreiben „Daran hält sich Luther..."

Exkurs: Besuch bei Luther im Kloster

Ziel dieses – zugegebenermaßen aufwändigen – Vorschlags ist es, mit Luther in einer bedeutsamen Erfahrung seines Lebens in ein fiktives Gespräch einzusteigen.

Im Kloster hat sich Luther mit dem Vaterunser beschäftigt. Die Erklärung, die er dazu verfasst hat, hat mit seiner Lebenssituation zu tun. Schutzlos und gefährdet fühlte er sich, als er in der betenden Anrede Gottes als „Vater unser" erkannte:

„Gott will uns damit locken, daß wir gläuben sollen, er sei unser rechter Vater und wir seine rechten Kinder, auf daß wir getrost und mit aller Zuversicht ihn bitten sollen wie die lieben Kinder ihren lieben Vater".

Schülerinnen und Schüler lernen Luther als Beter kennen: Im Gebet bekommt Luther die notwendige Distanz zu seiner Situation und gewinnt zugleich Mut und Zuversicht. Das Vaterunser gibt Luther eine Sprache vor, in der er sich bergen, an die er sich halten kann. Luther, der Beter, zeigt den Schülerinnen und Schülern die Notwendigkeit auf, eine Sprache zur Verfügung zu haben gerade dann, wenn die eigenen Worte fehlen.

Sehnsucht nach Räumen, in denen ich mich bergen kann

Für Luther war es der bergende Raum des Klosters, in dem er sich für einige Zeit bergen konnte. Seine Zeit dort ist eine Zeit reichen Schaffens geworden, die für seine reformatorischen Entdeckungen entscheidend war. Dieser Aspekt wäre aufzugreifen, um Jugendliche im Blick auf die je eigene Lebensgeschichte zu motivieren, *nach eigenen bergenden Räumen zu fragen:* Wo finde ich Räume, die mich bergen können? Wo gibt es Orte, an denen ich Zeit finde, Klarheit für mein eigenes Leben zu gewinnen? Wo gibt es Räume, in denen meine eigenen religiösen Hoffnungen und Orientierungen einen Raum finden?

Kirchen als bergende Räume: In diesem Zusammenhang bietet es sich an, Kirchenräume, die Schülerinnen und Schüler kennen, in ihrer Wirkung auf die Einzelnen aufzusuchen oder verschiedene Erfahrungen mit Kirchenräumen zu reflektieren. „Ist die Kirche als konkreter Raum ein Ort, in dem ich mich bergen kann?" „Gibt es andere Räume/Begegnungen, in denen ich mich bergen kann?" „Habe ich Gottesdienst als Raum/Ort erlebt, in dem ich mich bergen kann?"

Betrachtung einer Rosette: Als Beispiel für Erfahrungen mit Kirchenräumen dient die Rosette (M4a und M4b): Zunächst betrachtet man sie von außen: blass wirkt sie, einfarbig. Innen strahlt sie farbig, sie zieht in eine Atmosphäre hinein – ein besonderer Raum tut sich auf. Auf der Schwarzweiß-Kopie muss das „dazuerklärt" werden – wenn aber die Schülerinnen und Schüler hier selbst gestaltend tätig werden, werden sie spüren, worum es geht.

Das Vaterunser – ein Raum, in dem ich mich bergen kann? Die Schülerinnen und Schüler gehen mit Luther hinein in das Vaterunser und seine Sprache: Der Wechsel der Perspektiven, der mit der Rosette erkennbar geworden ist, ist Anleitung dazu, in gleicher Weise den Raum des Gebets zu „betreten":

Von außen ist das Vaterunser das Grundgebet der Christen. „Christen beten so ..."

Innen ist das Vaterunser für Luther ein Raum gewesen, in dem er sich in Gott bergen kann.

Mit den Schülerinnen und Schülern wird das Vaterunser erprobt: So kann man beten. Es wird reflektiert:

- An wen hält sich der Beter? – An den heiligen Gott.
- Worum bittet er? – Er bittet Gott um eine von Gott eröffnete Zukunft: um Gottes Reich, um Gottes Willen für sein Leben, um das tägliche Brot, um Vergebung der Schuld, um Bewahrung vor Versuchung und dem Bösen.
- Worauf hofft er? – Auf Gottes Reich, Gottes Kraft, Gottes Herrlichkeit.

Erproben, was es heißen könnte: Sich an Christus halten

Ein *Gespräch* wird geführt: Woran halte ich mich in meinem Leben? Die Schülerinnen und Schüler nehmen das Thema eigenständig auf und suchen in ihrem Alltag das auf, woran sie sich in ihrem Leben halten, suchen das auf, was ihrem Leben eine gute Gestalt gibt und für sie unverzichtbar ist: z.B. die gute Freundin oder der gute Freund; Eltern oder andere wichtige Personen in meinem Leben; Gebet/Abendgebet, das sie aus ihrer Kindheit kennen und weiterhin üben; damit verbunden ist immer auch die Frage nach der eigenen religiösen Heimat, danach, was mich fasziniert und in den Bann zieht.

Die *Biografie Luthers* wird noch einmal ins Spiel gebracht: Finde ich in Luthers Erfahrungen etwas, das mich in den Bann zieht, das mich anrührt?

Aktuelle Bezüge werden hergestellt: Wie reagiere ich auf Fußballspieler, die sich nach einem Tor bekreuzigen, oder auf Sportler, die vor einem Lauf das Kreuz auf ihrer Brust schlagen und nach einem gewonnenen Lauf sich im Stadion niederknien und beten? Im Diskurs über verschiedene Ausdrucksformen des Glaubens und religiöse Gebärden, die es zahlreich öffentlich zu beobachten gibt, kann man dem Gehalt des „halt dich an mich" auf die Spur kommen.

Die Einheit mündet ein in die Frage: *Was heißt es: Sich an Christus halten?* – Bringt mich das unter Druck in Hinblick auf meine eigenen religiösen Vorstellungen und Orientierungen oder kann ich diesem Gedanken, der für Luther bestimmend war, etwas für mich selbst abgewinnen? Bete ich, wenn ich selbst nicht mehr weiter kann?

Vertieft wird dieser Gedanke – sich an Christus halten – durch die Auseinandersetzung mit dem Gedicht von Dietrich Bonhoeffer: „Wer bin ich". Es gibt dem Zweifel Ausdruck über die eigene Identität und mündet schließlich ein in das Wissen, dass Bonhoeffer sich in Gott geborgen weiß: „Dein bin ich, o Gott" (M5).

M1 Nun freut euch, lieben Christen g'mein, EG 341

1. Nun freut euch, ____________________
dass wir ____________________
was Gott an uns gewendet hat und seine süße Wundertat;
____

2. Dem Teufel ich gefangen lag, im Tod ____________________
mein Sünd ____________________
Ich fiel auch ____________________
____

3. Mein guten Werk, die galten nichts, ____________________
____
die Angst ____________________
____

4. Da jammert Gott in Ewigkeit mein Elend ____________________
er dacht ____________________
er wandt zu mir sein Vaterherz ____________________
____

5. Er sprach zu seinem lieben Sohn ____________________
____
und sei das Heil dem Armen ____________________
erwürg für ihn den bittren Tod ____________________

6. Der Sohn ____________________
er kam zu mir auf Erden ____________________
____
er ging in meiner armen G'stalt ____________________

7. Er sprach zu mir: Halt dich an mich,
es soll dir jetzt gelingen,
ich geb mich selber ganz für dich,
da will ich für dich ringen,
denn ich bin dein und du bist mein,
und wo ich bleib, da sollst du sein,
uns soll der Feind nicht scheiden.

Der Lückentext gibt dir eine Struktur vor: Finde heraus, was der Kern der einzelnen Strophen ist, und schreibe es an den Rand. Erzähle die Geschichte der Befreiung des „Ich".

Die siebte Strophe | M2

Er sprach zu mir: Halt dich an mich,
es soll dir jetzt gelingen,
ich geb mich selber ganz für dich,
da will ich für dich ringen,
denn ich bin dein und du bist mein,
und wo ich bleib, da sollst du sein,
uns soll der Feind nicht scheiden.

Hier ist die siebte Strophe noch einmal: Vielleicht verstehst du sie besser, wenn du sie übersetzt?
Ein Gerüst ist wieder vorgegeben – fülle es.
Wie verstehst du „Halt dich an mich“, „gelingen“, „ich geb mich“, „ringen“, „scheiden“?
Such aus dem Pool, was dir passend erscheint.

....

..........................., from now on,

....

and there I will ....

.... you are mine and I am yours

and where I am, ...

the enemy won't be able to ....

hold on – keep in touch – stand by me – rely on my – take my hand – stay with me –

do well – succeed – be all right – everything goes right – make it –

give myself for – let them have me instead of you – dedicate myself – give my life for yours

fight – suffer – struggle – take pain

separate – tear apart – segregate – intervene

M3 Martin Luther

Der Charakter der Schriften und Reden Luthers sowie das Verhältnis des Reformators zu seiner Umwelt haben während seiner Lebenszeit starke Veränderungen erfahren. Luthers Leben lässt sich grob in vier große Abschnitte unterteilen.

* * * * * * * * * *

Der erste Lebensabschnitt, der Luthers Kindheit, seine Universitätszeit und seine Zeit als Augustinermönch umfasst, ist vor allem durch die Suche nach religiöser Erkenntnis gekennzeichnet. Luther wird später Universitätsprofessor in Wittenberg.

* * * * * * * * * *

Als er endlich zur entscheidenden Erkenntnis gelangt, sieht er, dass in der Welt und der Kirche viele Fehler entstanden sind. Er begehrt gegen die Missstände in der Kirche auf und löst dabei heftige Reaktionen aus.

* * * * * * * * * *

Daraufhin muss sich Luther auf Weisung seines Kurfürsten auf der Wartburg verstecken, die Bewegung der Reformation hat aber schon einige der Mächtigen des Landes erfasst und ist nicht mehr aufzuhalten. Luther kann nach Wittenberg zurückkehren, um seine Widersacher zu bekämpfen und seine Ideen praktisch umzusetzen.

* * * * * * * * * *

In den letzten Jahren ist der Reformator zwar nicht weniger tatkräftig, jedoch zeigen sich nun auch Resignation und seine Neigung zum Jähzorn in den Schriften und Worten des alternden Reformators.

Kurzbiographie

- 1483 (10.11.) Geburt in Eisleben
- 1505 Mönch in Erfurt
- 1512 Doktor der Theologie in Wittenberg
- 1517 Thesenanschlag
- 1521 Ächtung und Flucht auf die Wartburg
- 1522 Rückkehr nach Wittenberg
- 1525 Heirat mit Katharina von Bora
- 1534 Herausgabe der Bibel in deutscher Übersetzung
- 1546 (18.2.) Tod in Eisleben

Hier findest du Anhaltspunkte für eine Gliederung und Stoffsammlung deines Referats.
Alles, was hier als „Link" markiert ist, kann recherchiert werden, z.B. auf www.luther.de, der Seite, die hier zitiert wird.
Geh der Frage nach, welche entscheidende Erkenntnis Luther gewinnt, was seine Widersacher reizt, und was er praktisch umsetzen will.
Worauf baut Luther? Was treibt ihn zum Protest?

Da steh ich vor der Kathedrale.
Über der Tür ist ein Fenster.
Was hab ich davon?
Ich seh nicht hindurch.
Ich sehe kein Licht.
Ich frag mich: Was ist drinnen?

Emily, Frankreich-Touristin

Was für ein Problem hat Emily mit diesem Kirchenportal?
Stelle dich an ihre Stelle – schreibe deine Wahrnehmung auf.

M4b Rosette von innen

Ich bin dann doch hineingegangen.
Halbdunkel hat mich umfangen.
Nach der Hitze draußen
wohltuende Kühle.
Dieser dunkle Raum ...
Wo ist mein Fenster?
Was sehe ich?
Es strahlt.
Es funkelt wie ein Regenbogen.

Emily, Kirchenbesucherin

Das Schwarz-weiß-Bild hilft dir wohl kaum, Emilys Wandlung zu verstehen. – Vielleicht, wenn du selbst für Farbe sorgst ...? Versuch es – und dann lies nochmals Emilys Text: Was ist der Unterschied zwischen „außen" und „innen"? Sag es mit eigenen Worten.

Wer bin ich? M5

Wer bin ich? Sie sagen mir oft,
ich träte aus meiner Zelle
gelassen und heiter und fest
wie ein Gutsherr aus seinem Schloss.

Wer bin ich? Sie sagen mir oft,
ich spräche mit meinen Bewachern
frei und freundlich und klar,
als hätte ich zu gebieten.

Wer bin ich? Sie sagen mir auch,
ich trüge die Tage des Unglücks
gleichmütig, lächelnd und stolz,
wie einer, der Siegen gewohnt ist.

Bin ich das wirklich, was andere von mir sagen?
Oder bin ich nur das, was ich selbst von mir weiß?
Unruhig, sehnsüchtig, krank, wie ein Vogel im Käfig,
ringend nach Lebensatem, als würgte mir einer die Kehle,
hungernd nach Farben, nach Blumen, nach Vogelstimmen,
dürstend nach guten Worten, nach menschlicher Nähe,
zitternd vor Zorn über Willkür und kleinlichste Kränkung,
umgetrieben vom Warten auf große Dinge,
ohnmächtig bangend um Freunde in endloser Ferne,
müde und leer zum Beten, zum Denken, zum Schaffen,
matt und bereit, von allem Abschied zu nehmen?

Wer bin ich? Der oder jener?
Bin ich denn heute dieser und morgen ein andrer?
Bin ich beides zugleich? Vor Menschen ein Heuchler
und vor mir selbst ein verächtlich wehleidiger Schwächling?
Oder gleicht, was in mir noch ist, dem geschlagenen Heer,
das in Unordnung weicht vor schon gewonnenem Sieg?

Wer bin ich? Einsames Fragen treibt mit mir Spott.
Wer ich auch bin, Du kennst mich, Dein bin ich, o Gott!

Dietrich Bonhoeffer: Widerstand und Ergebung, S. 407f. und 513f.

Lies das Gedicht. Es ist von einem Gefangenen geschrieben, der auf sein Urteil wartet. Erinnere oder informiere dich: Wer war Dietrich Bonhoeffer? Was bewundern Menschen an ihm? Zeichne die Gestalt des Gedichts ab – was fällt dir auf? Schreibe deine eigenen „Wer-bin-ich"-Fragen in diese leere Form. Passt es? Sonst bau um.

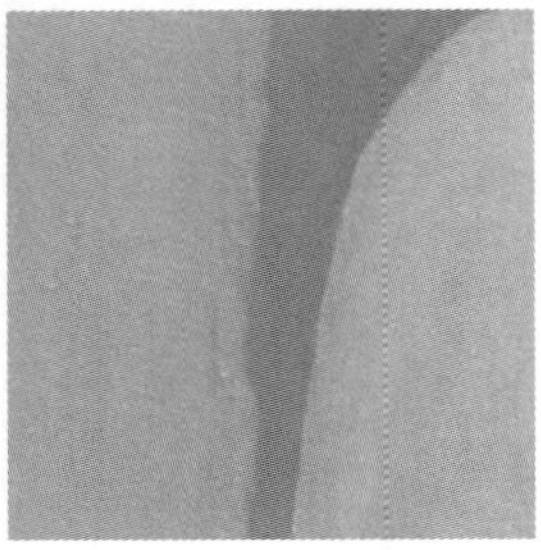

Lernweg 7: 9./10. Klasse

Zeit

Wie ein Ausschnitt
aus einer Sanduhr:
Zeit fließt
unaufhörlich
weiter,
nimmt mich mit,
ob ich will
oder nicht.
Zeit...
Gewinn...
will dieser siebte Lernweg einüben,
Zeit für
mich,
den anderen,
Zeit
und Ewigkeit.

Religionsunterricht als Raum,
in dem Schülerinnen und Schüler Kompetenz
gewinnen in der diskursiven Annäherung
an die Frage:
Meine Zeit in Gottes Zeit?

Bezug zum Kleinen Katechismus

...daß wir seinem heiligen Wort durch seine Gnade gläuben und göttlich leben, hie zeitlich und dort ewiglich (Auslegung zur zweiten Bitte des Vaterunsers)

Grundlegung: Gottes Zeit als in Christus erfüllte Zeit

Auf der Suche nach der *eigenen Zeit,* die sich der gesellschaftlich dominanten Erfahrung von Zeit als *verplanter Zeit* widersetzt, sind theologische Perspektiven wahrzunehmen, die in der Rede von der *in Christus eröffneten Zeit* Gestalt gefunden haben. Denn es ist die christliche Überzeugung, dass Menschen ihre eigene Zeit finden, indem sie sich aus der Erinnerung und Hoffnung *der* Geschichte verstehen lernen, deren Anfang sie nicht selbst gesetzt haben. Es geht um die Geschichte, die Gott mit den Menschen angefangen hat. Sie ist die Geschichte, in der sie ihre Zeit finden und die ihre Erinnerungen und Hoffnungen prägt. Mit der Christuszeit eröffnet sich die Wahrnehmung einer Geschichte, die nicht von Menschen begonnen wurde, sondern die Gott mit den Menschen begonnen hat.

Die Fülle der Zeit in Christus ist als eine Zeit wahrzunehmen, die die Allmacht der Chronologie bricht. In Tod und Auferstehung Jesu Christi wird der ewige Gleichlauf der Zeit durchbrochen (Lesetipp: Wolfgang Schoberth, Leere Zeit - Erfüllte Zeit. Zum Zeitbezug im Reden von Gott, in: Einfach von Gott reden. Ein theologischer Diskurs, hg. von Jürgen Roloff / Hans G. Ulrich, Stuttgart/Berlin/Köln, 1994, 124–141, 125).

Damit konstituiert sich eine Zeit, die auf die Ankunft des Heils ausgerichtet bleibt. Das Jetzt des Paulus „benennt darum kein chronologisch fixierbares Datum, sondern lenkt den Blick auf die Ankunft des Heils im Glauben. Als die Fülle der Zeit ist das Heil jeden Tag neu“ (W. Schoberth, Leere Zeit - Erfüllte Zeit, 140).

Christlicher Glaube lebt aus der Hoffnung, dass Gott das Unabänderliche doch verwandeln wird; die Zeit, aus der er lebt, ist eschatologisch bestimmt und unterliegt nicht dem Zeitdiktat der chronologischen Zeit.

Profil: Verlust der Zeit und Wiedergewinnung von Zeit

Von dem Pädagogen Martin Wagenschein ist die Anekdote überliefert, dass er einmal in einem Wörterbuch nachgeschlagen habe, was denn „curriculum“ eigentlich bedeute. Und er fand: curriculum - Rennbahn. (Horst Rumpf: Belebungsversuche. Ausgrabungen gegen die Verödung der Lernkultur; Weinheim/München 1987, 194). Ist also nicht gerade die Schule ein Ort verplanter Zeit, Leben im 45-Minuten-Takt, und der Religionsunterricht ein Rädchen in diesem Gefüge?

Die Schülerinnen und Schüler sind eingespannt in Stundenpläne und erleben nicht weniger als die Erwachsenenwelt das Diktat verplanter Zeit. Damit geht einher, dass sie andererseits mit ihrer scheinbar freien Zeit immer weniger anfangen können. Obwohl sie gern die Schule fliehen wollen und sich nach dem Schulschluss sehnen, sind die Ferien inzwischen für viele zu lang. Sie finden sich in dem Dilemma von Sehnsucht nach Freiheit und der Unfähigkeit, diese Freiheit wahrzunehmen. Signifikant ist hier der Medienkonsum bei Kindern und Jugendlichen, insofern das Fernsehen wiederum keine eigene Zeit lässt, sondern Anpassung der Zuschauer an seine geplanten Zeitmuster fordert.

Die Programme für Eltern und Kindern sind strukturell gleichförmig gestaltet und beliebig zu unterbrechen und zu stückeln. Eine Kinderfrage bringt die medialen Selbstverformungen plastisch zum Ausdruck: „Wie kommt es, daß jeden Tag gerade so viel passiert, daß es in die Nachrichten paßt?“ (Ursula Rabe-Kleberg/Helga Zeiher, Kindheit und Zeit. Über das Eindringen moderner Zeitorganisation in die Lebensbedingungen von Kindern, in: ZSE 4/1984, 29–43, 35).

Ferien werden dabei eher als anstrengend als entlastend erfahren. Eine Schülerin bringt das zum Ausdruck, wenn sie formuliert, sie versuche, sich aus der Verplanung „herauszuwinden“. Es ist aber nicht nur die Schule, die hier die Jugendlichen verplant, sondern vielmehr ist die Schulorganisation ein Reflex des gesellschaftlichen

Zeiterlebens. Erwachsene wie Kinder erleben sich in zeitliche Fremddispositionen und auch in zeitökonomische Kontrollen eingezwängt. Die kindlichen Zeitbedingungen scheinen mit denen der Erwachsenenwelt immer mehr in Übereinstimmung zu geraten und verlieren ihre eigene Kontur.

Der Abschnitt aus dem KlKat verweist auf eine Zeiterfahrung, die die chronologische und verplante Zeiterfahrung unterbricht und die eigene Lebenszeit in der Perspektive von „zeitlich und ewiglich" neu ausrichtet. Dieser neuen Zeiterfahrung ist auf die Spur zu kommen, indem neue Zeitmuster wahrgenommen und aufgespürt werden.

Entfaltung: Die eigene Zeit wahrnehmen lernen

Erfahrung der verplanten Zeit

Schülerinnen und Schüler erfahren sich verplant in der Zeit. Schon die Schulzeiten muten ihnen viel zu, so dass sie wenig von der Zeit spüren, die sie selbst für sich haben und die sie zum Leben brauchen. Die genaue Wahrnehmung der eigenen Zeit ist darum wesentlich, um nicht dem Zeitdiktat des Alltags zu erliegen. Mit ihnen kann man sich hier auf eine Suche begeben (M1) Sie beschäftigen sich mit einem Tag ihrer Woche und schreiben auf, wie sie diesen Tag erlebt haben: Verpflichtungen und freie Zeit. Sie markieren mit verschiedenen Farben verschiedene Zeiterfahrungen. Darüber kann man ins Gespräch kommen und genauer sehen, was an einem Tag alles passiert (Schulstunden, Hausaufgaben, Lernen usw.) und wo sich Freiräume auftun. Über die Wahrnehmung der Zeit im eigenen Alltag stoßen die Jugendlichen auf die Differenz von verbindlichen, verplanten Zeiten und freien Zeiten.

Wahrnehmung und Einübung anderer Zeiterfahrungen

Da für Schülerinnen und Schüler die verplante Zeit sehr im Vordergrund steht, geht es im Weiteren darum, diejenigen Zeiterfahrungen zu reflektieren, durch die Neues und Anderes möglich wird:

- *Zeiterfahrungen nennen:* Wie gestaltet sich mein Wochenende? Was bedeutet der Sonntag für mich? Finde ich während der Woche Augenblicke und Momente, in denen ich Zeit auch anders erfahre als nur als verplante Zeit? Feste, Feiern, Urlaub, Ferienzeit, Treffen mit Freunden vielleicht auch ein Instrument spielen usw.: Das sind Zeiten, die zumeist so erfahren werden, dass sie den Alltag unterbrechen.
- *Zeiterfahrungen reflektieren:* Was passiert dabei mit mir? – In diesem Zusammenhang geht es um die genaue Wahrnehmung einer anderen Zeit: Zeit, die den eigenen Alltag heilsam durchbricht.

Um diesen anderen Zeiterfahrungen auf die Spur zu kommen, bietet es sich an, verschiedene *Übungen* anzubieten. Diese Erfahrungen verdichten die Zeiterfahrungen und verweisen auf eine für das je eigene Leben notwendige Dimension des Zeitgewinns, der nicht aus dem Planen kommt, wie man immer mehr Zeit sparen könnte, sondern der aus der Erfahrung gewonnen ist, dass man sich selbst an Dingen verliert.

In Erzählungen und ihre Zeit geführt werden

Sich selbst verlieren – das kann durch *Erzählungen* motiviert werden: Kurzgeschichten, die ins Staunen versetzen, Geschichten auch aus der Bibel, die erzählt werden, Vorlesen von Ausschnitten aus Biografien ... usw. Erzählstunden haben ihren Platz im Religionsunterricht. Da geht es nicht zuerst und vor allem um eine Analyse. Mit einer Erzählstunde wird Zeit gegeben, sich in die Erzählungen hineinziehen zu lassen. *Erzählungen* schaffen Raum für eine neue Erfahrung von Zeit, die sich darin eröffnet, dass die Hörenden mitgenommen werden, dass sie hineingehen in Geschichten und lernen, dort auch ein wenig zu bleiben.

Dieser Aspekt ist im Zusammenhang dieser thematischen Einheit zu üben, wie er auch immer wieder und auch in anderen Zusammenhängen im Religionsunterricht seinen Platz haben sollte. Vielleicht kann man auch eine kurze Ganzschrift gemeinsam lesen, die etwas von dem Zauber des Erzählens beinhaltet. Um beim Erzählen (auch Vorlesen) die besondere Zeiterfahrung zu ermöglichen, eignen sich besonders auch Kindergeschichten, die sich immer wieder auch als Geschichten für Jugendliche erweisen. So etwa die Geschichte „Einer" von Christine Nöstlinger/ Janosch (Weinheim 1980), in der sowohl das Thema Lebenszeit thematisiert wird als auch die Erzählung selbst in staunendes Verweilen an der Geschichte führt.

Bevor erzählt wird, ist eine „Höranleitung“ nötig: Setzt euch entspannt hin. Lauscht. Geht in Gedanken mit. Spürt und seht und hört, was geschieht ...

Im Nachgespräch geht es um solche Erfahrungen:

- Eine Geschichte wurde mir vorgelesen – Was macht das mit mir?
- Wann wurde mir einmal eine Geschichte erzählt, vorgelesen?
- Die Zeit beim Zuhören der Geschichte habe ich ... erfahren ...

Meditation üben

Eine weitere Möglichkeit, neue Zeiterfahrungen zu eröffnen, sind Einübungen ins Meditieren. Die *Meditation* ist ja ein genuiner Ort, an dem Zeit noch einmal ganz anders erfahren werden kann. Kinder und Jugendliche sind auf Stille und Konzentration durchaus ansprechbar. Problematisch scheinen mir jedoch Meditationen, die funktionalisiert werden, indem sie etwa als Ausgangspunkt gewählt werden, um in ein neues Thema des Religionsunterrichts einzuführen. Meditationen sollen auf eine Erfahrung von Zeit ausgerichtet sein, die die Absichtslosigkeit spürbar und erfahrbar werden lässt – die nur dann zur Erfahrung werden kann, wenn die Meditation in die Stille führt, in das offene und auch staunende Bewegen in einem offenen und weiten Raum.

Textlesungen (z.B. M2), begleitet und umrahmt von Musik, die die Hörenden auf Text- und Gedankenspuren führen, wären eine Möglichkeit, der Meditation und der besonderen Zeit darin auf die Spur zu kommen.

Rituale entdecken und vereinbaren

Um neue und auch andere Zeiterfahrungen zu eröffnen, bietet es sich an, mit *Ritualen* zu arbeiten: In der Wiederkehr des Gleichen liegt ein Schatz verborgen, dessen Wahrnehmung erst aus der kontinuierlichen Übung heraus möglich wird. Das können Anfangsrituale sein, die in jeder Stunde ein Schuljahr lang wiederkehren, oder aber auch Rituale, die für einen bestimmten Zeitraum mit den Schülerinnen und Schülern abgestimmt werden. Rituale schaffen besondere Räume im Alltag und eröffnen die Wahrnehmung anderer Zeit.

Die Intensität der Erfahrung mit Ritualen eröffnet einen neuen Blick auf die Erfahrung von Alltagszeit. Hier wird der Alltag oft in seiner Gleichförmigkeit wahrgenommen, aus der man nur schwer aussteigen kann. Der Gleichförmigkeit im Alltag – mit täglichem Schulbesuch, täglichen Hausaufgaben usw. – haftet oft Belastendes an. Das wird im Schulalltag dann spürbar, wenn Schüler eine Freistunde haben oder Hitzefrei bekommen; dann atmen sie auf, halten inne und genießen die freie Zeit, die sich unvermutet einstellt.

Im Ritual wird dieses Unvermutete freier Zeit auf Dauer gestellt. Im Religionsunterricht lässt sich etwa ein Ritual inszenieren, indem einmal pro Woche zehn Minuten Zeit für einen Gesprächskreis festgelegt wird – ein Grundschulritual, das Ältere gewiss gern wiederentdecken! Wie selten ist persönliche Redezeit im Sekundarstufenunterricht geworden, wie kostbar kann sie sein. Das gibt überdies dem Religionsunterricht eine eigene Gestalt, die bewusst als Unterbrechung im „normalen“ Unterricht inszeniert wird.

Sensibilisieren für den Gewinn der Zeit in der Erfahrung des Anderen

Die Schülerinnen und Schüler machen noch eine weitere Erfahrung *anderer Zeit,* wenn der Blick von sich selbst weg auf den Anderen gelenkt wird. Die Erfahrung des anderen wird in der jüdischen Tradition als Erfahrung von Zeitgewinn interpretiert (Franz Rosenzweig). Es ist ein Gewinn an Zeit, den anderen sehen zu lernen, mit dem anderen Zeit zu verbringen, ihm Zeit zu schenken. Auch dafür ist der Religionsunterricht ein genuiner Ort.

Weil *Zeit für den Anderen* mehr sein muss als nur ihn sehen und an ihm vorbeigehen, weil Beziehungen Intensität brauchen, muss der Religionsunterricht Raum geben zur Begegnung, zum Einüben des Aufeinander-Zugehens, des Aufeinander-Eingehens.

Das kann distanziert durch die Lektüre einer Biografie geschehen, wie auch unmittelbar durch die bewusste Wahrnehmung des Banknachbarn, durch die Wahrnehmung der Beziehungen, in denen ich an der Schule lebe, durch die Wahrnehmung des Lehrers und anderer Lehrkräfte usw.

Im genauen Wahrnehmen der sozialen Beziehungen an der Schule oder im eigenen Lebensumfeld der Schüler eröffnet sich Zeit als Zeit für den anderen.

Die Aufmerksamkeit für den Anderen im Religionsunterricht, sei es die Wahrnehmung eindrücklicher Begegnungen oder seien es Reflexionen über außerschulische Beziehungen, führt zu größerer Offenheit und Freiheit im Umgang mit der je eigenen Lebenswelt, führt in differenzierte Wahrnehmungsprozesse in der Begegnung mit Anderen und Fremden.

Zwischenbemerkung. Einige der vorgeschlagenen Schritte beschränken sich auf die phänomenologische Betrachtung von Zeit und anderen Zeiten. Schülerinnen und Schüler werden für verschiedene Zeiterfahrungen sensibilisiert. Aufmerksamkeit für andere Zeiten zu wecken, erscheint angesichts der oft als verplant empfundenen Zeit als dringend geboten. Darüber hinaus braucht es auch Möglichkeiten diese andere Zeit im Religionsunterricht erfahrbar und erlebbar zu machen: Er muss Zeit geben und den Gleichlauf der Stundenpläne durchbrechen. Erst Primärerfahrungen öffnen für die eigene Lebenszeit und das, was an Neuem und Heilsamen darin steckt. Erst sie schaffen einen Rahmen, um auch in die biblischen Geschichten hineinzugehen, die von der heilsamen Unterbrechung der eigenen Lebenszeit erzählen. Bevor spürbar andere Zeiterfahrungen von den Schülerinnen und Schülern nicht geübt und wahrgenommen sind, ist es kaum möglich, die Perspektive der Bibel zur Sprache zu bringen, die ‚andere' Zeiten (Christuszeit) eröffnet.

Wahrnehmung anderer Zeitdimensionen

Dieser Abschnitt im Unterricht ist informativer gestaltet, da es darum geht, über die eigene lebensweltliche Zeitwahrnehmung hinaus Zeitformen kennen zu lernen, in denen wir uns zwar auch bewegen, die uns aber kaum unmittelbar bewusst sind: A.M. Klaus Müller hat in einer „Zeitmeditation" diese Zeitdimensionen zusammengestellt (A.M. Klaus Müller, Die Gefährdungen von Umwelt und Frieden im Atomzeitalter, in: Naturwissenschaft und Glaube, hg. von Helmut A. Müller, Bern u.a. 1988, 270–301, bes. S. 285–299). In einer kurzen Zusammenfassung werden sie den Schülern vorgelegt und diskutiert (M3).

Vom KlKat her – Wahrnehmung christlicher Zeitdimensionen

... daß wir seinem heiligen Wort durch seine Gnade gläuben und göttlich leben, hie zeitlich und dort ewiglich: Der Aspekt der Ewigkeit, der im KlKat anklingt, soll durch das gemeinsame Lesen einer Predigt vertieft werden. Die Predigt führt ein in den Zusammenhang von Lebenszeit und Ewigkeit. Als Predigttext dienen die letzten beiden Worte des Vaterunsers: „In Ewigkeit" (M4).

Mit der Analyse der Predigt kommen erfahrene Zeiten (Vergangenheit/Gegenwart/Zukunft) in ihrer Beziehung auf Gott – als Gegenüber des Menschen – zum Ausdruck. Die Sprachform der Predigt setzt im Unterricht dabei eigene Akzente. Eine Distanz der Schülerinnen und Schüler zur Form der Verkündigung als Predigt darf bleiben; in der Reflexion der Predigt kann diese thematisiert werden. Inhaltlich geht es um Folgendes:

- Wie wird von Ewigkeit gesprochen?
- Folgende Zeitdimensionen kommen damit in den Blick?
- Habe ich selbst einmal etwas gespürt von Ewigkeit?
- Wenn ich das Vaterunser bete/gebetet habe: Hat mich mit dem Wort Ewigkeit etwas berührt?

Auf der Suche nach heilsamer Zeit

In Fortsetzung der Analyse der Zeitdimensionen bietet es sich an, diesen Aspekten der jüdisch-christlichen Tradition genauer auf die Spur zu kommen: Die Geschichte von Jesus und seiner Begegnung mit der Samariterin (Joh 4,1–42; dazu auch M5). Das Gespräch bietet auf drei Ebenen die Wahrnehmung der in Christus eröffneten Zeit.

- Da ist zunächst die Erfahrung des Zeitgewinns in der Begegnung mit Christus – die Intensität der Begegnung wird in der Geschichte deutlich vor Augen geführt.
- Da ist zum anderen das Angebot, der Geschichte nachzugehen: Die Samaritanerin erfährt Zeit, indem Christus mit ihr spricht.
- Da ist schließlich das Gespräch innerhalb der Geschichte: Hier wird um Heilsames für das Leben gerungen.

Man könnte sagen, diese Erzählung sei eine story der Ewigkeit. Im Gespräch geht es um die Endlichkeit der Zeit und zugleich um die Ausweitung der Lebenszeit auf Ewigkeit hin.

Zeitebenen helfen, die Geschichte zu verstehen:

In dieser Erzählung gewinnt die Samaritanerin mit ihrer *Vergangenheit* Zeit für eine neue *Zukunft;* ihre Vergangenheit zerstört nicht ihre Zukunft, sondern in dieser Begegnung wird ihr für ihr Leben neue Zukunft eröffnet: „Wer aber von dem Wasser trinken wird, das ich ihm gebe, den wird in Ewigkeit nicht dürsten…" (Joh 4, 14a).

M1 Wo bleibt die Zeit?

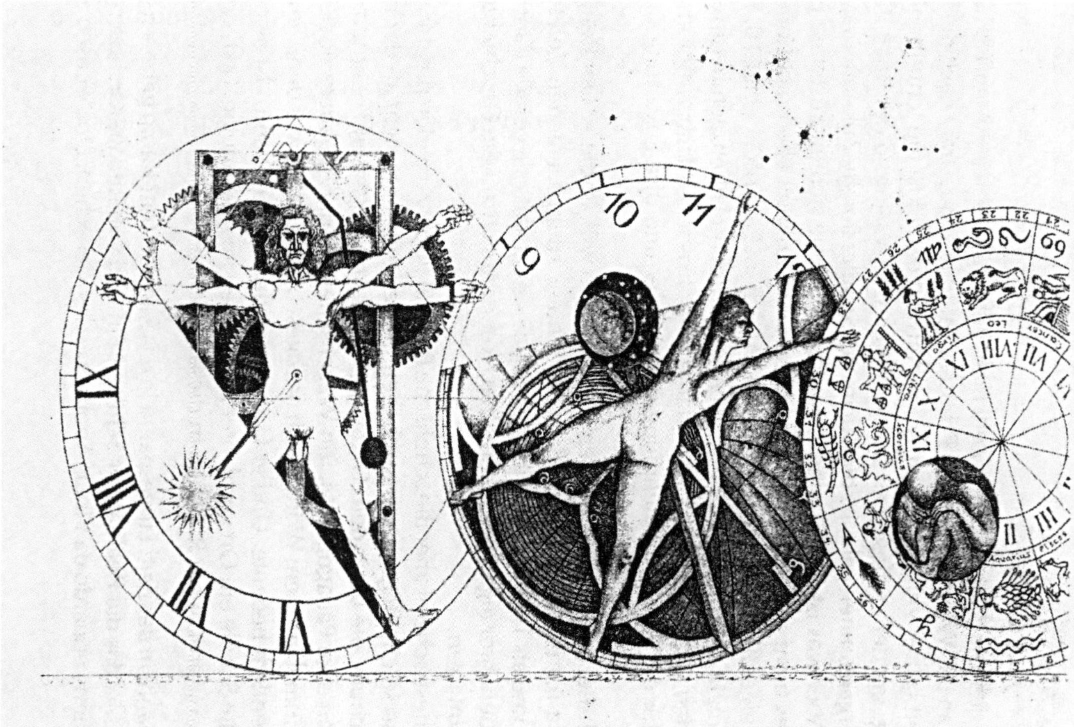

Renate Kirchhof-Stahlmann: Zeiten. Zeitmaschine – Maschinenzeit. Zeitenwende – Wendezeit, Ergon Verlag, Würzburg 1993

	Montag	Dienstag	Mittwoch	Donnerstag	Freitag
8.00					
12.00					
16.00					

Betrachte die Zeichnung: Was drückt sie aus?
Welches ist dein „vollster" Tag? – fülle den Stundenplan. Du kannst auch noch anbauen.
Samstag und Sonntag fehlen – warum wohl?

Meine Zeit.
Sag mir, was das ist.
Meine Zeit.
Keine Zeit, sagst du.

Meine Zeit.
Ich sitze und schaue,
schau aus dem Fenster.
Sie läuft mir voraus.

Sie eilt zur Schule, Unterricht.
Sie rennt heim. Hausaufgaben.
Sie packt und sie springt auf das Rad.
Nachhilfe. Dann Sport.
Meine Zeit.

Ich lauf ihr nicht nach,
heute nicht. Ich sitze und schaue,
schau aus dem Fenster.
Lauf doch allein.

Da ist die Wiese vor dem Haus.
Keiner, der schaut,
ob schon Krokusse blühen.
Da ist der Wald, hinter der Wiese.
Ob meine Zeit einmal Zeit hätte
für eine lange Erkundung?

Ich schau aus dem Fenster.
Meine Zeit.
Wer hat sie mir ...
weggenommen?

Eva, 17

Wolfgang Schoberth: eingespannt in die zeit, 1994

Der Text eignet sich, einfach gelesen und gehört zu werden. Vielleicht spinnst du ihn weiter: Sprich ruhig und bestimmt über deine Zeit – über die, die du weglaufen siehst, und darüber, wie du sie einfängst.

M3 Zeitmeditation

Zeit manifestiert sich nicht losgelöst von der Wahrnehmung der Welt, sondern sie steht in enger Wechselbeziehung zu den Erscheinungen unserer Wirklichkeit, wobei sich, vereinfacht, vier Dimensionen unterscheiden lassen, in denen es jeweils schwieriger wird, Zeit in ihrer Komplexität zu verstehen.

Der erste Bereich umfasst Zeit als gemessene, quantifizierte Zeit, wie sie etwa in der Uhrzeit gegenwärtig ist.

Es folgt als zweites die Dimension Zeit in der Lebenswelt mit ganz anderen Zeiterfahrungen, als die Uhr sie uns weist.

Die dritte Dimension umfasst eine komplexere Erfahrungswelt, die in der Dreiheit Bewusstsein, Wahrnehmung und Wahrheit angegeben werden kann. Es gibt einerseits Bewusstsein nur durch Wahrnehmung hindurch, andererseits setzt Wahrnehmung voraus, dass es Wahrheit gibt, die Orientierung erlaubt. ...

In der vierten Dimension jedoch ist eine Grenze angedeutet. Die Zeit ist identifiziert als Schöpfung in der hebräisch-christlichen Tradition, sie ist durch einen Abgrund von der anderen Seite getrennt, wo ein Fragezeichen und das Wort Gott stehen. Von der zeitlichen Verfassung unseres Lebens her können wir den Abgrund nicht einfach überschreiten, wir können nur vermuten, dass jenseits der Zeit noch etwas anderes ist."

A.M. Klaus Müller, Die Gefährdungen von Umwelt und Frieden im Atomzeitalter, in: Naturwissenschaft und Glaube, hg. von Helmut A. Müller, Scherz Verlag, Bern 1988, 286-287.

Das ist nicht leicht zu verstehen.

Beginne mit 1 und 2 – finde jeweils ein Beispiel.

Für 3: Bewusstheit: Du bist wach; Wahrnehmung: Du siehst, dass es hell ist; Wahrheit: Du gehst davon aus: Es ist Tag – Was hat das nun mit Zeit zu tun?

Für 4: Zeichne den Abgrund zwischen Gottes und unserer Zeit – was ist hier, was ist drüben?

Zeit und Ewigkeit – eine Predigt M4

Einleitung: Liebe Gemeinde,

Unsere Predigt wendet sich heute den letzen beiden Worten im Vaterunser zu. Vor dem Amen, das das Gebet abschließt, steht der Satz: „Denn dein ist das Reich und die Kraft und die Herrlichkeit, in Ewigkeit."
Das Vaterunser wird in aller Kürze abgeschlossen mit dem Verweis auf die Ewigkeit; so enden auch viele Lieder und andere Gebete.
Es klingt so, wie: Das darf nicht vergessen werden, das muss unbedingt dazu, der Blick auf die Ewigkeit inmitten des Heute, der Wahrnehmungen unseres Lebens aus dem Glauben mitten im Alltag der Welt.
Dieser Schluss „In Ewigkeit" richtet alles Gesagte noch einmal auf etwas Neues hin aus.
Der Gott und Vater Jesu Christi, der im Alltag unsere Wege begleitet, der ist es auch, der uns in Ewigkeit begleitet: hinein in die Ewigkeit, in eine Zeit, die anders ist als das, was wir kennen, und über die wir nur vermuten können, was dann kommt.

1. Teil: Lebenszeit und Ewigkeit

Diese Ewigkeit scheint in unsere Zeit, nicht nur am Lebensende, wenn wir dem Tode entgegen gehen, sondern sie ist gleichsam Ausdruck für die Nähe Gottes in der Wirklichkeit unseres Lebens.
Von der Ewigkeit spüren und ahnen wir auch im Leben.
Sie kleidet unsere Zeit ein und begleitet unsere Zeiten: Unsere Erfahrungen des Guten und unsere Erfahrungen des Bösen.
Marie Louise Kaschnitz hat das einmal in ein Gedicht gefasst, wie das ist, wenn wir die Ewigkeit spüren können, die Ewigkeit, die aufscheint – kurz, so dass wir sie kaum gewahren.

Hören wir die erste Strophe aus ihrem Gedicht:

Viel des Versöhnenden geschieht auch jetzt.
Verborgen zwar, so daß wir's kaum gewahren.
Und wenig achten in der allgemeinen
Verfinsterung. Denn wie in Blitz und Donner
Das Säuseln untergeht, die leise Stimme
Des Windes im Gezweig, der Atem Gottes.
Und ist doch immer da, ein dringlich Flüstern.

Das Versöhnende geschieht und das ist die Stimme der Ewigkeit in unserer Zeit. Bei Kaschnitz sind das Gegenworte, Gegengefühle, neue Spuren in Zeiten der Verfinsterung und Orientierungslosigkeit. Ein dringlich Flüstern in den Zeiten, der Atem Gottes, Ewigkeit in unseren Zeiten. Ihr Gedicht steht für eine Hoffnung angesichts der Hoffnungslosigkeit und scheinbaren Verheißungslosigkeit: Ihr Gedicht ist prophetisch, denn es mahnt die Aufmerksamkeit an auf Dimensionen unseres Lebens, die Wirklichkeit sind und derer gewahr zu werden, es Aufmerksamkeit braucht.

Fortsetzung folgt auf Seite 106

M4 Zeit und Ewigkeit – eine Predigt

Fortsetzung von Seite 105

2. Teil: Endlichkeit und Unendlichkeit

Jugendliche haben dieses Gespür für die Ewigkeit; sie sind darauf ansprechbar, sie sind darauf aufmerksam. Vielleicht ist es das, was sie in einem ganz spezifischen Sinn noch kindlich sein lässt: aufmerksam für ein „mehr als das, was man sieht", aufmerksam für Neues und noch Ungeahntes, das sie in ihrer Sehnsucht mit sich tragen. In einem Lied, das Jugendliche begeistert, habe ich es unlängst wieder gehört:

„Und wenn der letzte Stern vom Himmel fällt,
komm wünsch dir was!
Für die Ewigkeit?"

Ewigkeit ist nicht identisch mit Unendlichkeit. Endlichkeit und Unendlichkeit, das passt nicht zusammen. Mit Ewigkeit ist etwas festgehalten, das auf etwas abzielt, auf etwas ausgerichtet ist. Nicht unendlich, sondern ewig – das ist eine Differenz, die festgehalten werden muss, weil darin etwas noch Ungeahntes liegt, unklar, undeutlich aber doch so, dass es nicht unbestimmt ist – so wie die Geraden, die sich irgendwann im Unendlichen kreuzen sollen – woher man das wohl weiß?

Der Blick auf die Ewigkeit korrigiert unseren Blick auf die Tatsachen und das Unabänderliche, der uns all zu oft gefangen hält. Und so klingen die Erinnerungen an die Ewigkeit, in Liedern und Gebeten, wie auch am Ende des Vaterunsers als ein dringlich Flüstern – mitten in dem Lärm der Welt, der dieses leise Flüstern, oft genug übertönt; ein dringlich Flüstern, das doch immer da ist.

In Ewigkeit – dieser Satz formuliert einen Widerstand gegen das Vergessen der Zeit, in die wir hineingestellt sind. Gerade deshalb erscheinen die kurzen Hinweise am Ende von Liedern und Gebeten trotz aller Kürze so bedeutsam zu sein. Sie halten eine Zeit fest, die in der chronologischen Zeit nicht aufgeht, sondern zu einer neuen Zeitwahrnehmung anleitet.

3. Teil: Schöpfungszeit

Diese Zeit hat ihren besonderen Anfang: sie zeigt sich im Schöpferhandeln Gottes. Da tun sich Zeiten und Räume für den Menschen auf.
Es sind Zeiten und Räume, in der die Beziehung Gottes und des Menschen gesetzt ist, Räume, die ohne Gott und den Menschen nicht zu denken sind.
Diese besondere Beschreibung der Zeit aus dem Handeln Gottes ist eine Zeit, die sich durch die Erfahrungen Gottes und des Menschen bestimmt und die den Lebensraum des Menschen tragen.
Die eigene Lebenszeit und das schöpferische Handeln Gottes sind also unabdingbar ineinander verstrickt.
Mit Ewigkeit denken wir also an den Anfang des eigenen Lebens, als dem Anfang der gemeinsamen Zeit, der Zeit Gottes und des Menschen füreinander und miteinander.

Fortsetzung folgt auf Seite 106

Fortsetzung von Seite 105

4. Teil: Zeiterfahrung in der Gegenwart

Ewigkeit ist immer da: Christliches Leben ist ein Einstimmen in die Ewigkeit, so wie man ein Instrument stimmt und genau hört, ob die Töne stimmen – dazu fordert das Ende des Vaterunser heraus.

Ewigkeit ist also in unseren Zeiten da: wenn wir Lieder singen, in unseren Gottesdiensten, wenn wir beten, dann öffnet sich unser Leben auf Ewigkeit hin. Auch in der Taufe, wenn wir als Kinder Gottes in die Gemeinschaft derer aufgenommen werden, die sich zu Christus bekennen, dann zeigt sich Ewigkeit in unserer Zeit. Die Taufe wird so Ausdruck eines fröhlichen Wechsels: gleichsam eingetaucht in eine neue Wirklichkeit, kleidet die Ewigkeit unser Leben aus, gezeichnet mit dem Kreuz Jesu Christi, leben wir als Christen in der Zeit der Welt, doch auf Ewigkeit hin.

Darum können Christen nicht nur vom Heute sprechen, sondern sprechen immer auch von der Ewigkeit: Heute und Ewigkeit, das sind die angemessenen Sprachformen, auf die sich Christen immer wieder einlassen.

Auch wenn das Gebet zu Ende ist, der Gottesdienst abgeschlossen, so bleiben wir auf eine andere Zeit verwiesen. Indem die Ewigkeit in die Gebete und Lieder eingetragen wird, leben wir in unserem Alltag zugleich in einer anderen Zeit, trotz dem Diktat der Uhren und der Wecker, die uns treiben.

5. Teil: Christuszeit

Ewigkeit ist zugleich Zeit, die uns den Hauch der Ewigkeit spüren lässt und damit auf Zukünftiges verweist. Ewigkeit ist damit nichts Utopisches, sondern greift auf unser Leben aus – Ewigkeit wird dann leiblich spürbar werden, wenn unser Leib verwandelt wird und unverweslich auferstehen wird.

Von Christus her wissen wir, dass das Ende des Lebens nicht endet im Sterben, sondern unser Leben wird „erwachen zum ewigen Leben".

Von der Auferstehung Jesu Christi gewinnen unsere Zeiten eine neue Gestalt. Es bleibt nicht die Erfahrung der Endlichkeit, deren Ende mit dem Tode beschlossen ist, sondern es werden dann neue Schöpfungsräume bereit sein, in die wir dann eintreten. Die in Christus aufgerichtete neue Zeit, verwandelt unsere Lebenszeit, weil „der Tod verschlungen ist vom Sieg".

In menschlichen Kategorien lässt sich das nur so wahrnehmen, dass Zeit dann nicht mehr sein wird. Und so lesen wir dazu aus der Offenbarung des Johannes:

Und der Engel schwor bei dem, der da lebt von Ewigkeit zu Ewigkeit, der den Himmel geschaffen und was darin ist, und die Erde und was darin ist, und das Meer und was darin ist: Es soll keine Zeit mehr sein. (Offenbarung 10, 6).

Segen: Und der Friede Gottes, der höher ist als alle unsere Vernunft, bewahre unsere Herzen und Sinne in Ewigkeit. Amen.

Ingrid Schoberth, 2004

Einleitung und Segen bilden den Rahmen der Predigt – den lest ihr gemeinsam.
Dann können in Gruppen die fünf Teile erschlossen werden: Stellt den Texten Fragen und findet anschließend einen eigenen Weg, das auszusagen, was eurer Meinung nach darin steckt.

M5 Wasser des Lebens

Eines Tages in Samaria.

Samaria ist da, wo Fromme nicht gern hingehn.

Ein Brunnen, große Hitze.

Und staubig, sicherlich noch schlimmer als daheim.

Eine Frau, die aus dem Brunnen Wasser schöpft.

Die kenne ich. Am besten ist's, man übersieht sie.

Ein Mann tritt auf sie zu.

Das ist Jesus. Der sollte sich fernhalten.

„Frau, gib mir zu trinken."

Der wird doch nicht aus ihrem Becher trinken?

„Herr, sieh dich vor. Hier ist Samaria!"

Wenigstens kennt sie ihre Grenzen.

„Ach weißt du: Ich hab Durst."

Versteht er sie denn nicht?

„Herr, du hast Recht, das Wasser hier ist gut. Schon Jakob trank aus diesem Brunnen."

Da sieht man's wieder. Schon wird sie übermütig.

„Frau, wenn du wüsstest, wer ich bin –du bätest mich um Wasser!"

Geh endlich weiter, Jesus. Du hast da nichts verloren.

„Du hast ja keines, Herr."

Wie klug sie ist!

„Ich habe das Wasser des Lebens, Frau. Wer davon trinkt, hat nie mehr Durst.
Der hat genug für alle Ewigkeit."

Und auch genug von dieser Frau …

„Herr, ich verstehe dich nicht. Ich glaube, du solltest nicht mit mir sprechen.
Denn sieh mal: In meinem Leben ist viel schief gegangen. Ich habe keinen guten Ruf."

Ihr Mann ist ihr davon gelaufen.
Sie ist tatsächlich hoffnungslos.

„Ich spreche gern mit dir. Denn, weißt du: Du hast ja eine Ewigkeit vor dir.
Du kannst es immer wieder besser machen."

Links findet ihr ein Gespräch, rechts Zwischenreden.
Lest mit verteilten Rollen: Erzähler, Zwischenredner, Jesus, Frau.
Anschließend klärt: Wozu ist der Zwischenredner „gut"?
Wie beurteilt ihr seinen Charakter?
Wie verhält sich die Frau?
Wie verhält sich Jesus?

Was ist für dich der wichtigste Satz? Markiere ihn mit einer Farbe.

Lernweg 8: 9./10. Klasse

Gelebte Religion

Räume gemeinsamen Lebens
ausschreiten.
Andere,
fremde Räume
kennen lernen
und erahnen und
erspüren,
was sich
auftut:
Der achte Lernweg
führt
in bekannte und unbekannte
Lebensformen,
Konturen des
Lebens
für mich.

Religionsunterricht als Raum,
in dem Schülerinnen und Schüler Kompetenz gewinnen in der diskursiven Annäherung an die Frage:
Konturen des Lebens – für mich?

In Zusammenarbeit mit Martin Brons

Bezug zum Kleinen Katechismus

Er verheißet aber Gnade und alles Guts allen, die solche Gebot halten, darumb sollen wir ihn auch lieben und vertrauen und gerne tun nach seinen Geboten (Auslegung zu „Was saget nu Gott zu diesen Geboten allen")

Grundlegung: Christlicher Glaube strukturiert und formt den Alltag

Christlicher Glaube findet in verschiedenen Lebensformen seinen Ausdruck. Er lässt den Alltag nicht unberührt. Schon mit dem Beginn der Woche am Sonntag wird der Alltag der Christen strukturiert als ein Alltag, der unter der Begleitung Gottes steht, in den der Segen am Ende des Sonntagsgottesdienstes entlässt. Christsein im Alltag der Welt profiliert den eigenen Alltag und führt in spezifische Lebensformen.

Hier geht es um die Lebensform des Glaubens. Sie ist darauf ausgerichtet, Gottes Gebote für das eigene Leben gelten zu lassen. Als Weisungen für das Leben stehen sie in der Spannung zu einem Leben, das nicht nach Gott fragt. Leben aus der Liebe zu Gott und im Vertrauen auf ihn gibt christlichem Leben seine Kontur: Sie gibt Gott Raum im eigenen Leben und ist darauf gerichtet, „ihn zu lieben und zu vertrauen und gerne zu tun nach seinen Geboten".

Diese spezifische Praxis des Glaubens begründet eine Abhängigkeit, die aus der Freiheit lebt, Gott für sich beanspruchen zu dürfen. Das „gerne tun nach seinen Geboten" erinnert an die Freude an dem Gesetz Gottes, als Freude daran, dass Gott der Menschen gedenkt, dass er ihr Gott sein will (vgl. Psalm 1) und ihr Leben durch seine Verheißungen begleitet und trägt.

Im Judentum wird der Zusammenhang von Lebensform und der „Freude an der Tora" ausdrücklich.

Unterschiedliche Lebensformen begründet christlicher Glaube. Das klösterliche Leben ist eine besondere Gestalt, mit christlicher Freiheit umzugehen. Nach außen hin trägt diese Lebensform einen oft strengen, verpflichtenden Charakter. Für Schülerinnen und Schüler ist es darum wichtig, nicht im Außen stecken zu bleiben, sondern sich – ein wenig – darin einzuleben. Dann können sie entdecken, in welcher Hinsicht hier doch Freiheit ihren ganz eigentümlichen Ausdruck findet.

Dabei lernen sie zu unterscheiden zwischen vertrauten und fremden Lebensformen christlichen Glaubens und lernen eine Praxis kennen, die zu denken gibt im Blick auf eigene Lebensstile und Lebensformen.

In der Begegnung mit der Lebensform des Judentums, konzentriert auf die Simchat Tora (Freudenfest der Tora), wird eine weitere religiöse Lebensform thematisiert.

Vor dem Hintergrund erfahrener Übereinstimmung und Differenz kann dann die eigene, wenn auch oft fremde Lebensform christlichen Glaubens aufgesucht werden.

Profil: Gelebte Religion in fremden Lebensformen entdecken

Religionsunterricht wird immer auch die Lebensform der Schülerinnen und Schüler ins Gespräch ziehen und sie zu einer sensiblen Wahrnehmung der je eigenen Lebensformen führen. Damit die eigenen Lebensformen und Lebensstile deutlich werden, braucht es ein Gegenüber, mit dem und an dem Differenzen und Gemeinsames transparent werden können. Um den Fragen nach der eigenen Lebensform auf die Spur zu kommen – „Wie ist mein Alltag gestaltet?", „Welche Beziehungen erlebe ich und gestalte ich?", „Was ist mir in meinem Tagesablauf wichtig?", „Bete ich am Abend?" und „Gibt es in meinem Alltag einen eigenen Rhythmus?" – lernen die Schülerinnen und Schüler eine klösterliche Lebensform kennen, die sich wohl von außen betrachtet radikal von ihrem gewohnten Alltag unterscheidet; sie spüren der Simchat Tora nach, dem Freudenfest des Judentums, das gestaltend auf die Lebensform des Judentums wirkt und den Zusammenhang von Lebensform und Tora aufzeigt. Dabei gibt es Neues zu entdecken und danach zu fragen, ob darin etwas liegt, das meinem Leben bislang fremd ist – vielleicht etwas, das ich brauche?

Entfaltung: Religiöse Lebensformen unterscheiden lernen

Exkurs: Kloster

Damit bereits in der *unterrichtlichen Vorbereitung* auf einen Klosterbesuch ein wenig von der Atmosphäre spürbar wird, die man dort erleben kann, soll eine persönliche Lehrererzählung über eine eigene Klostererfahrung helfen, erste Begegnung mit dieser Lebensform zu ermöglichen (M1).

Diese Unterrichtsstunde könnte mit vielfältigem Material, von Fotos bis hin zu fächerverknüpfendem Anschauungsmaterial zur Geschichte Roms etc. und zur Kunstgeschichte des Ortes angereichert werden.

Vielleicht wäre auch eine klangliche Einstimmung hilfreich, indem man gemeinsam einem mönchischen Chorgesang lauscht.

Exkursion zu einem Kloster/Chorgebet. Wenn die Möglichkeit besteht, mit der Klasse ein Kloster in der Nähe oder im Umkreis der Schule zu besuchen, so würde das die Erfahrung dieser Lebensform vertiefen. Eine Sext oder Non in einem Benediktinerkloster oder sonst ein reguläres Chorgebet eröffnet eine neue Sicht auf eine Lebensform, die sicher vielen Schülern fremd ist. Wichtig wäre, den Schülern zum Erleben und Entfalten der persönlichen Wahrnehmung viel Zeit, Spielraum und Freiheit zu geben. Bei einer solchen Erfahrung vollzieht sich ein Schwellenritual: Die Jugendlichen treten für einen Moment aus ihrem Alltag heraus und treten ein in einen neuen fremden Alltag, der in besonderer Weise vom Gebet bestimmt ist.

Bevor die Schülerinnen und Schüler nach Hause gehen, erhalten sie eine Aufgabe, um das Erlebte zu reflektieren: Jeder soll sich in Gedanken nochmals an den Besuch erinnern, einen besonders eindrücklichen Moment, ein kleines Detail daraus auswählen und das auf einer halben Seite schriftlich formulieren. Diese Aufgabe soll der Förderung der persönlich, sinnlichen Wahrnehmung dienen.

Reflexion der Erfahrungen bei der Exkursion. Wesentlich wird nun der Austausch über die gewonnenen Eindrücke. Ziel hierbei ist es, in den erlebten Moment im Kloster/Gebet nochmals einzutauchen und das Erlebte artikulieren zu lernen. Die Vielfalt der besonderen Wahrnehmungen wäre dabei zu betonen.

Zur Vertiefung würde es sich anbieten, im Grenzbereich zwischen Geschichte (Entstehung und Situation des Mönchtums, Geschichte des Protestantismus, Luther als Mönch) und Gottesdienstverständnis hin- und herzugehen.

Die fremde Lebensform des Judentums kennen lernen

Damit wird ein weiterer Kontrast gesetzt: Dem Zusammenhang von Lebensform und der „Freude an der Thora" ist dabei auf die Spur zu kommen. Folgende Schritte sind gangbar:

- Psalm 1 lesen: der Bedeutung der Tora für das Leben auf die Spur kommen;
- die Simchat Tora durch ein Lied kennen lernen, das an diesem Freudenfest gesungen wird (M2)
- Dem Zusammenhang von Lebensform und Simchat Tora nachspüren: Was ist der Grund der Freude an der Tora? Verändert diese Freude das Leben, die Lebensform?
- Recherchieren: Im Internet oder mit einem Lexikon des Judentums kann man weiter recherchieren, wie die Lebensform des Judentums gestaltet ist und in welchen vielfältigen Formen gelebt wird.

Die Lebensform christlichen Glaubens ausschreiten

Die Schülerinnen und Schüler selbst bringen ein, was sie von der Kirche/dem christlichem Glauben wissen. Konturen christlichen Lebens werden skizziert (M3). Als Input werden Grundinformationen zur Lebensform der Christen benötigt (Lehrervortrag, Referat mit M4):

Sie beschränkt sich nicht nur auf rituelle Vollzüge, sondern ist eine Praxis, die eine eigene Dynamik hat und in der um die jeweilige Gestalt christlichen Lebens gerungen wird. Dazu gehören Gottesdienst und Kasualien, gemeinsam in der Bibel lesen, Seelsorge und Diakonie, Kirche in den öffentlichen Herausforderungen gegenwärtigen Lebens (Bioethik, Gentechnologie, Bildung usw.), der Einzelne im Kontext Kirche usw.

Mit dem Text von Karl Friedrich Haag wird eine Definition „Lebensform" aufgenommen (M5). Vom Text ausgehend wird die Gestalt der Kirche und ihrer Lebensform/Lebensformen vertiefend thematisiert.

Vom KlKat her

„Er verheißet aber Gnade und Guts allen, die solche Gebot halten, darumb sollen wir ihn auch lieben und vertrauen und gerne tun nach seinen Geboten“: Mit dem KlKat wird die grundsätzliche Reflexion, was eine Lebensform sei, nun weitergeführt. Aus dem KlKat heraus wird versucht, die Lebensform christlicher Religion zu erspüren und zu beschreiben:

Die Schülerinnen und Schüler lesen den Katechismustext mit der Aufgabenstellung: Die Lebensform der Christen bestimmt sich...!

Zu fragen ist, was das bedeutet: Christen leben von den Geboten/ Sie lieben die Gebote/Sie tun gern nach den Geboten ... – was verbirgt sich dahinter? Der bisher gegangene Lernweg wird durch den KlKat vertieft.

Differenzen und Übereinstimmungen werden festgehalten zwischen der Lebensform christlicher Religion im Alltag und der Lebensform christlicher Religion im Kloster; und im Vergleich zwischen Judentum und Christentum: Gibt es Differenzen im „gerne tun nach seinen Geboten“? Zeigt dieser Vergleich nicht doch auch die besonderen Gemeinsamkeiten auf?

Zum erstenmal in St. Anselmo | M1

Es war der Beginn meines Auslandsjahres. Mein Vater und ich hatten uns an einem Tag im Oktober früh mit dem Auto von Nürnberg auf den Weg gemacht, um am selben Tag in Rom anzukommen. Es war noch sehr warm dort, der berühmte römische Spätsommer prägte das Stadtgesicht.

Das Kloster liegt auf dem Hügel Aventin über der Stadt, in warmen, roten Backsteinfarben erbaut. Ich kannte den Ort schon von früheren Ferienaufenthalten, aber wollte ich wirklich ein Jahr hier bleiben? Ein etwas beklemmendes Gefühl wuchs in mir hoch.

Die bis zum Abendgebet verbleibende Zeit füllte ich mit dem Einrichten meines Zimmers. Ich hatte ein verhältnismäßig kleines bekommen, dafür mit Fenster zum Innenhof, in dem um den leise plätschernden Springbrunnen voll behangener Orangenbäume standen. War das Absicht, wollte man den lutherischen Gast in den abgelegenen Westtrakt stecken?

Ich hatte mich noch beim Prior zu melden, der mich gleich in alle Pflichten einwies, mit Freundlichkeiten aber eher spärlicher umging – versäumte Einweisungen sollte ich noch schnell vor der Vesper nachholen. Also ab zum Direktor für die liturgischen Feiern. Unter dem Eindruck seiner Art und Gestalt wurde dieses eigenartige Gefühl und die drückende Frage, ob ich wirklich ein Jahr mit diesen Menschen verbringen wolle, in mir wieder stärker, aber ich folgte brav, ging in den Chorraum, nahm den mir zugewiesenen Platz in der vordersten Reihe des mehr als achtreihigen, langsam ansteigenden Chorgestühls ein und lauschte den viel zu schnell an mir vorübereilenden Erklärungen in die verschiedensten Bücher. „Noch Fragen? – Nein, bene; dann bis zur Vesper."

Die wurde mir, zurückgekehrt in mein Zimmer, angekündigt durch die eindringlich schreiende Klingel auf dem Gang, die mich von diesem Zeitpunkt an durch das Jahr begleiten sollte, von frühmorgens bis spät am Abend.

Ich trete aus dem Zimmer, von überall her kommen schwarz bekleidete Menschen aus verschiedensten Winkeln des Hauses hervor, ein Fließen und Strömen auf den Gängen entsteht und alles zieht in fast hastigem Schritt die große Treppe hinab, kirchwärts. Eintreten in den Kirchraum, fern, von einer Barriere abgetrennt, sitzen Leute; kurzes Verbeugen vor dem Altar, wobei ich mich auf ein Senken des Kopfes beschränke, und die Ränge des Chorgestühls füllen sich stetig. Dann kehrt Ruhe ein. Viele lehnen an ihren Gestühlen, den alten Misericordien, einige sitzen oder blättern im Antiphonale, dem „Gesangbuch", bis zweimal auf Holz geklopft wird. Die Bewegungen vereinigen sich: Alle stehen auf oder treten von ihrer Stütze nach vorne. Alles strömt zusammen in die Anrufung Gottes mit Bekreuzigung und dem Abschluss durch die Verbeugung mit dem „Ehre sei dem Vater...".

Fortsetzung folgt auf Seite 114

M1 Zum erstenmal in St. Anselmo

Fortsetzung von Seite 113

Ein ähnlich dem Brunnen im Innenhof vor meinem Fenster beruhigendes Plätschern der Bewegungen und Gesänge stellt sich ein, das mich einfach mit aufnimmt, beruhigt und mir den Raum gibt, auch den Tag Revue passieren zu lassen. Eindrücke, Fragen, Zweifel. Dazwischen die Gesänge von für mich fremden Menschen, mit noch für mich von keiner Beziehung erfüllten Gesichtern.

Was denken die Leute im Kirchenschiff? Wie nehmen sie uns oder gar mich wahr? Kann ich hier in der Gemeinschaft wahrgenommen werden wie ich mich sehe oder bin ich nun Mönch? „Warum ist der hier hineingeraten?" „Mensch, sind die alle jung?" „Sind die unglücklich, weil sie nicht lachen?" Unwillkürlich wird mir bewusst, wie ausschnitthaft ein Betrachter das alles wahrnimmt.

Die Besucher erfahren nichts von unserem vielfältigen „Klosterleben", der Gemeinschaft, den entstehenden Freundschaften mit ihren Spannungen, gemeinsamen Aktivitäten bis hin zu üblich werdenden „Weinabenden" in den Zimmern mit Gesprächen wirklich über „Gott und die Welt". Trotzdem nehmen sie uns mit ihren Augen und Tageseindrücken wahr und beurteilen uns. Auch meine Sicht veränderte sich von Tag zu Tag. Vielleicht auch, weil ich wusste, dass mein Klosteraufenthalt begrenzt war, entstand in mir eine Akzeptanz für alle auftauchenden Eigenarten, die ich so mit wachem, offenem Blick wahrnehmen konnte.

Martin Brons

Wo im Text „kippt" die allgemeine Ablehnung des Erzählers in Ansätze von Verstehen um? Woran liegt das?

Stell dir vor, du solltest dich selbst auf so ein Wagnis einlassen: ein Jahr Kloster: Was sagen deine Eltern, Freunde? Wovor hast du Angst? Was könnte dich bewegen, es zu versuchen?

Die Benediktiner werben für ihre Lebensform

Im deutschen Sprachraum leben heute ungefähr 1 500 Benediktinerinnen und Benediktiner. Ihre Lebensordnung richtet sich nach der Mönchsregel des Heiligen Benedikt, die im 6. Jahrhundert entstanden ist und dem europäisch-abendländischen Kulturbereich wesentliche Impulse vermittelt hat. Auch heute ist das benediktinische Mönchtum bemüht, auf die Frage nach Gott und dem menschlichen Dasein eine konkrete Antwort zu geben und damit zu bezeugen, dass wir heute nicht in Gottverlassenheit enden müssen. Das klösterliche Leben will eine echte Alternative zu den heute üblichen Lebensweisen anbieten und baut dabei auf einer eineinhalbtausendjährigen Erfahrung auf. Diese Erfahrung heißt: als Einzelwesen und in der Gemeinschaft hat der Mensch eine echte Chance, Gott zu begegnen. So ist GOTT. SUCHEN die erste Forderung, die der Mönchsvater Benedikt an seine Schüler stellt.

Mehr unter www.benediktiner.de

Freude am Gesetz Gottes M2

Simchat Tora – Ein Tag der Freude über die Tora

Der letzte, neunte Tag des jüdischen Laubhüttenfestes heißt Simchat Tora, Freude am Gesetz Gottes. Er ist geradezu der Inbegriff freudiger Festlichkeit. Auch die Kinder feiern mit.
Am Simchat Tora wird die über das ganze Jahr verteilte Vorlesung der fünf Bücher Mose mit dem Ende des fünften Buches abgeschlossen und mit dem Anfang des ersten neu begonnen. Die Schlusslesung macht der so genannte „Bräutigam der Tora“, die Anfangslesung der „Bräutigam des Anfangs“. Aber die Freude an der Tora ist so groß, dass auch noch andere Männer lesen – ja, sogar Jungen, die eigentlich noch nicht dazu berechtigt sind. Und das ist das Besondere, das die Freude und Aufregung im Bethaus erklärt: Anstatt einer einzigen werden sämtliche Torarollen aus der heiligen Lade ausgehoben und von den Männern der Gemeinde – sie wechseln einander ab, damit möglichst viele die hohe Ehre genießen – in sieben langen feierlichen Umzügen durch das Gotteshaus getragen.

Dabei wird gesungen:

Wir jubeln, der Tora freuen wir uns,
denn sie ist Kraft und Licht für uns...

Mit ganzem Herzen juble ich deiner Gerechtigkeit,
erzählen will ich deine Herrlichkeit.
Solange ich lebe,
künde ich deiner Wunder Preis, deine Liebe und deine Treue. ...

Die Tora ist ein Baum des Lebens für alle Leben,
denn bei dir ist der Quell des Lebens.

Schlage in der Bibel nach: die ersten Worte des 1. Buches Mose und die letzten Worte des 5. Buches Mose. Finde heraus, worum es jeweils geht.

Die fünf Bücher Mose: Sammelt Themen und Inhalte, Personen und Geschichten; sortiert und wertet aus: Was kann daraus gelernt werden über Gottes Verhältnis zu den Menschen? Was will Gott von den Menschen? Was würdet ihr davon als „Gesetz“ bezeichnen?

Welche Feste feiert ihr mit jubelnder Freude?
Stellt Vermutungen an: Welchen Grund gibt es, Gottes Gesetz so zu feiern, wie es am Simchat Tora geschieht?

M3 Lebensform der Christen

Wie leben Christen?

Beten	Heucheln
Gehen zur Kirche	Lieben alle Menschen
Tun Gutes	Fasten
Halten die Gebote	Beichten
Fürchten Gott	Singen
Freuen sich am Leben	Predigen
Arbeiten sonntags nicht	Weltfremd
Essen freitags kein Fleisch	Können das Vaterunser
Lächeln	Gastfreundlich
Verstehen keinen Spaß	Selbstlos
Wie alle anderen	

Hier findest du eine Reihe von Antworten, die Konfirmanden und andere Interviewpartner gegeben haben.
Schneide aus, was du lohnend findest. (Oder schreibe eigene!)
Klebe dann die ausgeschnittenen Antworten auf ein Blatt.

Bereite dich darauf vor, zu erklären, was dir dabei besonders wichtig ist.

Christlich bedeutet ... M4

Jesus spricht zu seinen Jüngern:

Ein neues Gebot gebe ich euch, dass ihr euch untereinander liebt,
wie ich euch geliebt habe, damit auch ihr einander lieb habt.
Darin wird jedermann erkennen, dass ihr meine Jünger seid,
wenn ihr Liebe untereinander habt.

Joh 13,34f.

Paulus schreibt an Timotheus:

Denn Gott hat uns nicht gegeben den Geist der Furcht,
sondern der Kraft und der Liebe und der Besonnenheit.

2.Tim 1,7

Paulus schreibt an die Thessalonicher:

Seid allezeit fröhlich, betet ohne Unterlass,
seid dankbar in allen Dingen.

1 Thess 5,16f.

An die Kolosser:

Alles, was ihr tut, das tut von Herzen als dem Herrn und nicht den Menschen

Kol 3,23

An die Epheser:
Lebt als Kinder des Lichts. Die Frucht des Lichts ist lauter Güte
und Gerechtigkeit und Wahrheit.

Eph 5,9

Paulus schreibt an die Korinther:
Ist jemand in Christus, so ist er eine neue Kreatur.
Das Alte ist vergangen, siehe: Neues ist geworden.

2 Kor 5,17

Die Evangelien, die Apostelgeschichte und die Briefe geben viele Hinweise darauf, wie man sie sich vorzustellen hat – die Christen.

In Gruppen oder als Referat: Sucht weitere Stellen (in der Lutherbibel sind sie oft fettgedruckt) und beschreibt einen Tag/einen Lebenslauf des Christen XY.

Bedenkt auch, was Paulus über sich selbst sagte: „Der Geist ist willig, aber das Fleisch ist schwach" ...

M5 Lebensformen sind ...

Lebensformen sind ein im Lauf der Geschichte und aufgrund vieler Erfahrungen gewachsenes Ergebnis. Sie beschreiben, was sich als zu einem „guten" Leben gehörig bewährt hat, z.B. die Lebensform der Familie.

Natürlich sind Lebensformen gleichsam kulturelle Produkte. Sie haben sich im Laufe der Geschichte herausgebildet, sie haben mannigfache Modifikationen erfahren und sind auch weiterhin Veränderungen unterworfen.

Dennoch bieten sie sozusagen Formen, Räume an, innerhalb deren sich („gutes") Leben konkret vollzieht.

Diese Lebensformen sind kritisierbar; sie sind veränderbar.

Gleichwohl haben sie eine Raum-gewährende (Lebensraum gewährende) und orientierende Funktion. ...

Unter Rückbezug auf solche Lebensformen kann man Leitlinien, Verhaltensmuster, Spielregeln und auch Normen argumentativ rechtfertigen.

Karl Friedrich Haag, Christliche Ethik im Religionsunterricht, in: Kirche – Ethik – Öffentlichkeit, hg. von W. Schoberth/I. Schoberth, Lit-Verlag Münster, Hamburg, London 2002, 32–48, 41.

Schau die Abbildungen an – inwiefern geht es um Lebensformen?
Welche wären deiner Meinung nach kritisierbar, welche sollten gelten?

Lernweg 9: 9./10. Klasse

Sprache des Glaubens

Bedeutende und
unbedeutende
Aspekte.
Text und Textwelten,
Wort und Wörter,
Satz und Sätze
tauchen in diesem
neunten Lernweg auf:
strukturiert und
ungeordnet
verstehbar und
manchmal
dem Verstehen
heute entzogen;
ich lerne in der Textwelt
der Heiligen Schrift
mich
bewegen.

Religionsunterricht als Raum,
in dem Schülerinnen und Schüler Kompetenz gewinnen in der diskursiven Annäherung an die Frage:
Die Sprache des Glaubens – für mich?

Bezug zum Kleinen Katechismus

Wir sollen Gott fürchten und lieben, daß wir die Predigt und sein Wort nicht verachten, sondern dasselbige heilig halten, gerne hören und lernen (Auslegung zum dritten Gebot).

Grundlegung: Die Sprache des Glaubens

In der Auslegung zum dritten Gebot „Du sollst den Feiertag heiligen", nimmt der KlKat besonders Bezug auf das Wort Gottes. Es ist das in der Heiligen Schrift bezeugte Wort, dem Raum gegeben werden soll im Leben und das gehört werden soll. Die Erläuterungen Luthers „heilig halten, gerne hören und lernen" verweisen auf den Verkündigungs- wie Unterrichtsauftrag der Kirche, die aus diesem Wort lebt und in vielfältigen Bezügen dieses Wort weitergibt. Der Feiertag hält die Zeit dafür offen, damit das Wort gehört wird und nicht dem Vergessen überlassen bleibt.

Für die vorliegende Unterrichtseinheit wird die Auslegung zum dritten Gebot insofern aufgenommen, als sie auf das Wort Gottes konzentriert, das zu lernen ist. Für das Lernen dieses Wortes Gottes ist grundlegend, dass es in eine Sprachform einübt, die das Verstehen derjenigen grundlegenden Kategorien eröffnet, mit denen christlicher Glaube die Welt und sich selbst verstehen lernt.

Das Erlernen der Sprache des Glaubens ist notwendig, weil sie eigen ist. Es ist irrig, anzunehmen, es handle sich in den sprachlichen Formen des Glaubens lediglich um Deutungen von Erfahrungen, die unabhängig von ihrer Sprache seien und so oder anders gedeutet werden könnten. Tatsächlich sind Erfahrung und Sprache eine untrennbare Einheit. Man kann auch sagen, die Sprache des Glaubens habe eine eigene Grammatik. Menschen gebrauchen sie so, dass dabei nicht nur Mensch und Welt in ihren Fragen und Antworten thematisch werden, sondern dass Gott in dieser Kommunikation den entscheidenden Platz einnimmt.

Die Sprachformen des Glaubens eröffnen ein Sprechen, das alles andere ist als das Rezitieren von Glaubensformeln. Zugleich verweist es auf die Gestalt der Lebensformen, die durch diese Sprache konstituiert sind und durch die sich christlicher Glaube auszeichnet (Gottesdienst, gemeinsames Lesen in der Bibel, Beten, Unterricht in christlicher Religion u.a.).

Profil: Lesen einer „fremden" Sprache

Im Unterricht an der Schule geht es um das Lernen der Sprache des Glaubens. Zu ihr sollen Schülerinnen und Schüler Zugang finden. Das eröffnet ihnen dann ein Gespür für christlichen Glauben und seine Tradition. Das fremde Wort der Heiligen Schrift öffnet sich im Kennenlernen dieser Sprachformen. Schülerinnen und Schüler lernen sich in dieser Sprache zu bewegen, sie zu lesen, Interpretationen zu probieren und den vielfältigen Aspekten und Eindrücken nachzugehen, die sich in der Begegnung mit einem biblischen Text auftun.

Die Bibel bietet eine Vielzahl an Sprachformen, die den Schülerinnen und Schülern Angebote machen. Im Unterricht werden solche Formen kennen gelernt: Gleichnisse, Metaphern, Erzählungen, Gebete, Streitgespräche usw. führen die Schülerinnen und Schüler in elementarer Weise in die Sprachform der Heiligen Schrift ein. Damit werden die Schülerinnen und Schüler befähigt, selbständig und neugierig die Bibel zu lesen und mit dem Gelesenen umzugehen.

Das Lesen in der Bibel ist dabei mehr als nur das Nachlesen eines Textes. Schon die Bezeichnung der Bibel als Heilige Schrift verweist darauf, dass sie mehr ist als ein Text, der analytisch aufbereitet werden soll. Hier geht es um einen Modus des Lesens, der den Lesenden in ein Gespräch zieht mit Gottes Wirklichkeit. Er nimmt teil am Miteinander von Gott und Mensch, das sich in der Heiligen Schrift in vielfältiger Weise bekundet.

Didaktisch eröffnet sich dieser besondere Modus des Lesens in der Bibel, indem der Bibeltext als Textraum verstanden wird, in den ich hineingehe und darin herumgehe. Das Lesen in der Bibel gewinnt so eine eigene Dynamik, die in die Wahrnehmung des Wortes führt. Diese Intratextualität gilt es zu üben, um den Jugendlichen zu helfen, mit biblischen Texten vertraut zu werden.

Mit Psalm 121 kann gezeigt werden, wie Schülerinnen und Schüler in Bewegung kommen, indem sie den Textraum des Psalms ausschreiten und damit die Sprache des Glaubens erkunden. Grundlegend dabei ist, dass dieses Herumgehen in einem Text der Bibel für sich selber steht und nicht nachträglich eine Interpretation erfahren muss. Was sich an Wahrnehmungen in der Begegnung mit dem Text auftut, steht ganz für sich und genügt erst einmal; Schülerinnen und Schüler werden vertraut mit der Textwelt der Bibel.

Methodisch führt die Intratextualität in die *Performance:* Performance bezeichnet das Ereignis, das die Begegnung mit einem Text eröffnet. Die Performance lebt von der Hoffnung, dass Gott in seinem Wort handelt und dass das auch in spezifischen Lernsituationen zum Ereignis werden kann. Darum muss es in der Performance immer auch Aufmerksamkeit für die *Leerstellen* in den Texten geben, die der intentionalen Verfügung und der unterrichtlichen Operationalisierung entzogen sind, weil sie Raum schaffen für Erfahrungen, die nicht im vornherein festgelegt werden können.

In der Performance sind die biblischen Texte nicht Gegenstände des intellektuellen Verstehens allein, sondern gewinnen geradezu körperliche Gestalt und Nähe. Damit kommen die Texte selbst zum Klingen und werden nicht erst über die Bedeutungen relevant, die durch Interpretation von außen gewonnen werden. Sie bleiben dabei auch nicht in der Distanz, die dann wiederum erst in der Interpretation überwunden werden muss. Gelingende Performance ist ein Lesen mit den Sinnen, das in der Wahrnehmung der Stimmungen, Rhythmen und Klänge der Texte zugleich die eigenen Gefühle und Assoziationen der Hörenden einbezieht: In der Performance ist der Leser nicht nur Rezipient, sondern gleichermaßen Akteur, wenn man so will: Wanderer in der Textwelt der Heiligen Schrift.

Entfaltung: Die Sprache des Glaubens sprechen und aneignen lernen

Vom KlKat her

Wir sollen Gott fürchten und lieben, daß wir die Predigt und sein Wort nicht verachten, sondern dasselbe heilig halten, gerne hören und lernen: Der KlKat, die Erklärung des dritten Gebots, eröffnet die Beschäftigung mit der für die Jugendlichen fremden Sprache des Glaubens.

Einsteigen könnte man mit der Frage: Was macht ihr am Sonntag? – Und die Schüler erzählen von ihrem Sonntag.

Als Nächstes folgt eine *Provokation:* „Martin Luther hat da eine besondere Idee ..." M1 wird ausgeteilt, das dritte Gebot und die Auslegung.

Es soll zur *Diskussion* kommen: Der Sonntag der Christen gibt Zeit für das Wort Gottes – Bedeutet das etwas für mich? ...

Dann, in der Weiterführung der Diskussion: Habt ihr eine Idee, was das heißt: „Wort Gottes"?

Die Jugendlichen lernen das Reden vom Wort Gottes kennen, indem sie mit dem Psalm 121 dieses Wort exemplarisch kennen lernen und daran spielerische Erkundungen machen.

Vorbemerkung. Damit Jugendlichen in die fremde Sprache des Glaubens hineinfinden – als Wort Gottes, das sich in vielfältigen Texten und Textformen mitteilt – eignen sich performative Zugänge, die an einem intuitiven und gern auch unstrukturierten Umgang mit diesem Wort orientiert sind. Hier geht es nicht darum, die Texte analytisch aufzubereiten, sondern um eine spielerische Erprobung der Sprache des Glaubens.

Performativer Zugang zum „Wort Gottes" mit Ps 121 – Inszeniertes Lesen

Indem der Text laut vorgelesen wird, verändert sich die Wahrnehmung des Textes. Er wird zum gehörten Text. Laut oder leise, aggressiv oder an wenigen Stellen betont gelesen, führt die Lesung ein in ein Hören des Textes, das ihn in vielfältiger Weise verändert. Betonungen treten hervor, fremde Worte werden wahrgenommen und Stimmungen zeigen sich (M2).

Formale Verfremdungen verstärken den Effekt:

Der Text in Kleinbuchstaben und ohne Satzzeichen. Diese optische Verfremdung des Psalms führt nach dem Hören des Textes durch die Lesung zu genauer Wahrnehmung. Die Schülerinnen und Schüler werden dabei aufgefordert, den Text neu zu komponieren, indem sie nach seiner ursprünglichen Gestalt suchen (M3).

Der Text in Großbuchstaben und ohne Satzzeichen. Diese Leseform verfremdet den Text noch einmal und ermöglicht eine Wiederholung des Textes durch genaues Wahrnehmen seiner Sinneinheiten (M4).

Der Text nach Nomina sortiert. Damit erfolgt eine Vertiefung des Textes, indem die Nomina deutlich in den Vordergrund rücken und die Personen und Bezugspunkte anvisiert werden, auf die sich der Psalm richtet. Das dialogische Miteinander von „Ich - Augen - Herr - Hüter" tritt hervor, ebenso die Situation des Psalmbeters „Hilfe - Schatten - Übel - Seele" (M5).

Der Text nach Verben sortiert. Um in die eigene Dynamik des Textes hineinzufinden bietet es sich an, den Text nach Verben zu sortieren (M6).

Vertikales Lesen

Welches Thema lässt sich im vertikalen Lesen auffinden? Das können verschiedene Themen sein, die sich im Ausprobieren mit Satzstreifen zeigen. Evtl. kann diese Arbeit auch am Computer vorgenommen werden, um Themen des Psalms im vertikalen Lesen zu entdecken - Eine Möglichkeit wäre das Thema „BEHUETET" (M7).

Reflexion der Arbeit mit Psalm 121

Im Gespräch wird darüber ausgetauscht, was in diesen einzelnen Schritten mit Psalm 121 passiert ist.

Vernetzung von Psalm 121 mit anderen Texten

Um dem entdeckten Thema nachzugehen, kann man nun in verschiedenen Bereichen nach Texten und Bildern suchen, die sich auf dieses Thema beziehen und damit das Thema weiter ausschreiten lassen. Möglich wären Texte, die das Behütetsein des Menschen in vielfältigen Lebenssituationen benennen. Stimmig und auf dem Psalm bezogen, könnten das auch Texte zum Morgen oder Abend sein.

„Die Übereignung des Menschen in die Nacht" und das „sich selbst aus den Händen Geben beim Einschlafen" - wird in einem Gedicht von Kurt Marti sinnfällig beschrieben (M8).

Ein Vergleich von Psalm 121 und dem Gedicht vertieft die Sprachfähigkeit:

- „Die beiden Texte haben folgendes gemeinsam...".
- „Darin unterscheiden sich die beiden Texte...".

Dabei kann das Grundthema des Psalms 121 - „behütet" - für die Auseinandersetzung leitend sein.

Das dritte Gebot – Was soll das? M1

Gott sagt:

Du sollst den Feiertag heiligen.

Martin Luther fragt:

Was ist das?

Martin Luther versucht eine Antwort:

Wir sollen Gott fürchten und lieben,
dass wir die Predigt und sein Wort nicht verachten,
sondern dasselbe heilig halten,
gerne hören und lernen.

Wie versteht Martin Luther das Wort „heiligen“; mit welchen Verben füllt er es aus?
Was gehört zum „Feiertag“ dazu – für Martin Luther? für dich?

◀ Das gibt es schon!

In Gruppen: Entwickelt das Plakat einer christlichen Aktionsgruppe gegen die Einführung einer Sieben-Tage-Woche am Fließband eines großen Automobilherstellers.

M2 Der Hüter Israels

Ich hebe meine Augen auf zu den Bergen.
Woher kommt mir Hilfe?
Meine Hilfe kommt vom Herrn,
der Himmel und Erde gemacht hat.

Er wird deinen Fuß nicht gleiten lassen,
und der dich behütet, schläft nicht.
Siehe, der Hüter Israels schläft und schlummert nicht.

Der Herr behüte dich;
der Herr ist dein Schatten über deiner rechten Hand,
dass dich des Tages die Sonne nicht steche
noch der Mond des Nachts.
Der Herr behütet dich vor allem Übel,
er behüte deine Seele.
Der Herr behüte deinen Ausgang und Eingang
von nun an bis in Ewigkeit.

Psalm 121

Der Psalm kann auf verschiedene Weisen gelesen werden – einstimmig oder mehrstimmig, feierlich oder fröhlich, laut oder leise, schnell oder langsam ... .
Das Evangelische Gesangbuch schlägt vor, dass jeweils einer die linksbündigen Verse liest, alle anderen dann die rechtsbündigen.
Probiert verschiedene Möglichkeiten aus.

Suche dir deinen Lieblingsvers. Was für ein Bild malt er dir vor Augen? Beschreibe es mit Worten – oder male es.

Verfremdung I | M3

ichhebemeineaugenaufzudenbergenwoherkommtmirhilfemeinehilfekommt
vondemherrnderhimmelunderdegemachthaterwirddeinenfußnichtgleiten
lassenundderdichbehütetschläftnichtsiehederhüterisraelsschläftund
schlummertnichtderherrbehütetdichderherristdeinschattenüberdeiner
rechtenhanddaßdichdestagesdiesonnenichtstechenochdermonddesnachts
derherrbehütedichvorallemübelerbehütedeineseelederherrbehütedeinen
ausgangundeingangvonnunanbisinewigkeit.

Kannst du das lesen?
Zeichne dir Sprechpausen ein.
Markiere farbig, was du hervorheben willst.

Verfremdung II | M4

ICHHEBEMEINEAUGENAUFZUDENBERGENWOHERKOMMTMIRHILFEMEINE
HILFEKOMMTVONDEMHERRNDERHIMMELUNDERDEGEMACHTHATERWIRD
EINENFUSSNICHTGLEITENLASSENUNDDERDICHBEHÜTETSCHLÄFTNICHT
SIEHEDERHÜTERISRAELSSCHLÄFTUNDSCHLUMMERTNICHTDERHERR
BEHÜTEtDICHDERHERRISTDEINSCHATTENÜBERDEINERRECHTENHAND
DASSDICHDESTAGESDIESONNENICHTSTECHENOCHDERMONDDESNACHTS
DERHERRBEHÜTEDICHVORALLEMÜBELERBEHÜTEDEINESEELEDERHERRBE
HÜTEDEINENAUSGANGUNDEINGANGVONNUNANBISINEWIGKEIT.

Kannst du das lesen?
Zeichne dir Sprechpausen ein.
Ergeben sich neue Wörter?

M5 Geordnet I

ICH
AUGEN
BERGEN
HILFE
HILFE
HERRN
HIMMEL
ERDE
ER
FUSS
HÜTER
ISRAELS
HERR
HERR
SCHATTEN
HAND
TAGES
SONNE
MOND
NACHTS
HERR
ÜBEL
ER
SEELE
HERR
AUSGANG
EINGANG
EWIGKEIT

Was ist hier geschehen? Vergleiche mit dem Volltext von Psalm 121. Bilde Wortfelder, indem du zusammen passende Wörter je mit der gleichen Farbe markierst.

Was würdest du sagen: „Dies ist ein Lied über

...."

hebe
kommt
kommt
gemacht hat
nicht gleiten lassen
behütet
schläft nicht
siehe
schläft nicht
schlummert nicht
behütet
ist
nicht steche
behüte
behüte
behüte

Was ist hier geschehen? Vergleiche mit dem Volltext von Psalm 121. Bilde Wortfelder, indem du zusammen passende Wörter je mit der gleichen Farbe markierst.

Was würdest du sagen: „Dies ist ein Lied über

...."

M7 Von oben nach unten

Ich hebe meine Augen auf zu den **B**ergen. Woher kommt mir Hilfe?
Meine Hilfe kommt vom Herrn, der Himmel und **E**rde gemacht hat.
Er wird deinen Fuß nicht gleiten lassen, und der dich be**H**ütet schläft nicht.
Siehe, der Hüter Israels schläft und schl**U**mmert nicht.
Der Herr behütet dich; der Herr ist d**E**in Schatten über deiner rechten Hand,
daß dich des Tages die Sonne nicht s**T**eche noch der Mond des Nachts.
Der Herr behüte dich vor all**E**m Übel, er behüte deine Seele.
Der Herr behü**T**e deinen Ausgang und Eingang
von nun an bis in Ewigkeit.

Was ist – nach diesem Textbild – die „Lösung"?
Und was hat diese Lösung mit dem Psalm zu tun?

Unten ist Platz für dein eigenes Textbild – du musst nicht den ganzen Psalm verwenden.

einschlafzeilen

jetzt aber
gib dich
aus deinen händen
verliere dich
aus den augen
entlass dich
in deinen körper –
der wird's wohl machen.

Kurt Marti, einschlafzeilen, in: abendland, Hamburg, Zürich 1993, 89

Macht Leseversuche – wie könnte man lesen,
um die Form dieses Gedichts hörbar zu machen?

Macht Gestaltungsversuche: Wie kann man das Einschlafen darstellen – mit Mimik, Gestik, Bewegung, Tanz?

Macht Verstehensversuche:

Wer spricht hier?
Und wer ist „der" im letzten Vers?

Lernweg 10: 9./10. Klasse

Reden von Gott

Schließlich
zeigt sich alles
in der Zusammenschau:
Der zehnte Lernweg
fasst zusammen:
das **Reden** von Gott,
das kritische **Unterscheiden**
von Gott und Mensch,
das Reden des **Menschen**
von Gott.

Religionsunterricht als Raum,
in dem Schülerinnen und Schüler Kompetenz gewinnen
in der diskursiven Annäherung an die Frage:
Gott – für mich?

In Zusammenarbeit mit Nadine Lietzke

Bezug zum Kleinen Katechismus

Wir sollen Gott fürchten und lieben ...

Grundlegung: Christlicher Glaube stellt sich selbst der Kritik in seinem Reden von Gott

„Wir sollen Gott fürchten und lieben" führt hinein in die genaue Reflexion des Verhältnisses zwischen Gott und Mensch. Wie sieht diese Beziehung aus, die sich gleichzeitig in Furcht und Liebe bewegt und den Menschen damit in seinem besonderen Verhältnis zu Gott bedenkt? Fürchten und lieben ist ineinander verschränkt und das eine kann ohne das andere nicht wahrgenommen werden. Der Mensch ist dabei als ein Beauftragter zu denken, durch Gottes Ruf zur Antwort herausgefordert.

Im Reden von Gott, in Verkündigung und Unterricht, nähert er sich diesem Gott, lernt ihn kennen und gibt in seinem Reden und Handeln Antwort. Um beidem zu entsprechen, in Ehrfurcht und Liebe sich auf Gott zu beziehen, stellt er sich immer wieder selbst der Kritik und prüft die Angemessenheit seines Redens und Handelns vor Gott. Dieses kritische Moment zeichnet christlichen Glauben aus. Weil das Reden von Gott die Unverfügbarkeit Gottes bedenkt und darauf ausgerichtet bleibt, ist christlicher Glaube Ausdruck dieses kritischen Selbstverhältnissen, nie unhinterfragbar, immer erneuerungsbedürftig.

An Dietrich Bonhoeffers theologischer Religionskritik wird exemplarisch sichtbar, dass Glaube in seinem Reden nie über Gott verfügen kann, sondern sein eigenes Reden immer wieder selbst kritisch befragen und beurteilen muss.

Bonhoeffer reagiert mit seiner theologischen Religionskritik auf das säkulare Weltverständnis des 20. Jahrhunderts. Traditionelle Frömmigkeit auf der einen und wissenschaftliche Erkenntnis auf der anderen Seite sind insofern inkompatibel, als der aufgeklärte Mensch für die Erklärung und Deutung der Welt keine religiösen Hilfestellungen mehr benötigt. Zum Gegner der Kritik wird damit nicht die historisch gewachsene Weltreligion, sondern die Religion der neuzeitlichen Subjektivität, zumal sich als letzte Aufgabe der Religion allein noch die menschliche Grenzsituation erweist.

„Wo wir selbst am Ende sind, da erwarten wir das Eingreifen einer uns überlegenen Macht, einer ‚Allmacht', die dieser Erwartung zufolge doch nur ein Stück ‚prolongierte Welt' sein kann – eben einen ‚deus ex machina'", stellt Bonhoeffer fest, um dann eine Religiosität, die Gott funktionalisiert, zu kritisieren. Das geschieht sowohl, wenn Gott für (noch) nicht wissenschaftlich erklärbare Naturphänomene als Erklärung herhalten muss, als auch, wenn er in persönlichen Notsituationen als übermächtige Macht um helfendes Eingreifen gebeten wird.

„Gott fürchten und lieben" spannt den Bogen, in dem selbstkritisches Reden von und mit Gott eingeübt werden kann.

Profil: Kritischer Zugang zum Reden von Gott

In dieser Unterrichtseinheit geht es um eine vertiefte Arbeit an dem selbstkritischen Potenzial christlichen Glaubens. Sie schließt sich gut an die unterrichtliche Behandlung des neuzeitlichen *Theodizeeproblems* oder des Komplexes *Kreuz und Auferstehung* an. Beide Themenbereiche rühren ja an Fragen, die immer wieder auch die kritische Reflexion theologischer Aussagen bedingt. Im folgenden Unterrichtsweg soll gezeigt werden, wie sich christliche Religion selbst dieser Aufgabe stellt und nicht nur auf die Religionskritik von außen antwortet: Im Zentrum steht die religionskritische Position Dietrich Bonhoeffers.

Primär sollen die Schülerinnen und Schüler zunächst Bonhoeffers Kritik an den Vorstellungen eines instrumentalisierten Gottes der Religiösen erarbeiten und deren Plausibilität anhand gängiger Vorstellungen überprüfen.

Im Reihenkontext kann ihnen darüber hinaus verdeutlicht werden, dass Religionskritik nicht zwangsläufig von außen, z.B. durch die Philosophie, an die Religion herangetragen wird, sondern dass sie ein innertheologischer Prozess ist. Die Erkenntnis, dass christlicher Glaube kein bedingungsloses Ja und Amen fordert, sondern dass er sich selbst immer wieder neu in Frage stellt, ist sehr wichtig, auch um unreflektierter Ablehnung entgegen zu wirken.

Die philosophische Religionskritik bietet den Schülerinnen und Schülern beispielsweise mit Feuerbachs Projektionstheorie einen äußerst nachvollziehbaren Ansatz. Erfahrungen mit Schülern sowie Gespräche mit Freunden und Kollegen bestätigen, dass den Jugendlichen hiermit quasi ein „Totschlag"-Argument für alle Versuche theologischen Umgangs mit philosophischer Religionskritik geliefert und somit theologisches (Nach-) Denken von vorneherein erschwert wird.

Bonhoeffer bietet demgegenüber ein *theologisches* Kriterium für den kritischen Umgang mit (eigenem und fremdem) Reden von Gott. Von diesem Einstieg her ist also vor die wichtigen und nicht zu vernachlässigenden philosophischen Positionen ein „theologisches Vorzeichen" zu setzen.

Neben der Fragestellung, was die jeweiligen Ansätze (neben Feuerbach auch Marx, Freud, Nietzsche, Sartre) in ihrem jeweiligen Kontext kritisieren, soll auch nach den sich bietenden theologischen Perspektiven gefragt werden. Religionskritik wird somit als Hilfestellung in der Auseinandersetzung mit dem eigenen Glauben verstanden.

Wesentlich erscheint in diesem Zusammenhang, dass die Jugendlichen mit Hilfe der Erläuterungen Bonhoeffers befähigt werden wahrzunehmen, dass die Kritik an Religion/Religiosität nicht zwangsläufig Gott selbst in Frage stellt. Indem sie zugleich die Kritik Bonhoeffers in eigenen Worten formulieren lernen und in eigener Sprache kritische Urteile versuchen, eröffnet sich ihnen christlicher Glaube als Glaube, der sich selbst der Kritik stellt.

Entfaltung: Von Gott reden lernen

Standpunkte zum Reden von Gott reflektieren

Als Einstieg wären aktuelle gängige Standpunkte (etwa 13. Shell-Studie Jugend 2000) zu „Gott – Religion – Glaube" auf das zugrunde liegenden Reden von Gott hin zu untersuchen. Der Leitaspekt wäre: Wie sprechen heute Schülerinnen und Schüler von Gott?

Die Schülerinnen und Schüler identifizieren und reflektieren unterschiedliche Ausdrucksformen im Reden von Gott; dabei erleichtern anonyme Zitate (M1) den Zugang und ermöglichen Identifikationen aus der (scheinbaren) Distanz. Kritik und Zustimmung zu bestimmten Vorstellungen verletzen auf diese Weise niemanden persönlich, sondern nehmen ja auf Dritte Bezug.

Kennen lernen der theologischen Position Dietrich Bonhoeffers

Das methodische Vorgehen ist durch die grundsätzliche Entscheidung bestimmt, den Autor des Textes zunächst nicht zu nennen, sondern den Text lediglich als einen Weg der Auseinandersetzung mit dem Reden von Gott vorzustellen. Hierdurch soll eine vorbehaltlose Annäherung ermöglicht werden, die nicht von der Tatsache, dass Bonhoeffer Theologe war, beeinflusst ist.

In Partnerarbeit (PA) wird M2 bearbeitet; die gemeinsame Textbetrachtung führt häufig schneller zu fruchtbaren Ergebnissen als es bei Einzelarbeit der Fall ist.

Im Anschluss an die Textarbeit sollen die Ergebnisse an der Tafel festgehalten werden.

Diese Phase der Sicherung ist insofern relativ lehrerzentriert, als dass das Tafelbild durch den Lehrer entwickelt wird.

	Mensch	Gott	Kritik
Bonhoeffers theologische Religionskritik	○ hat unlösbare Probleme ○ versagt ○ hat Schwächen ○ gerät an Grenzen ○ hat begrenzte Erkenntnis ○ hat begrenzte Kräfte ▶ hat Defizite	○ Lösung bei menschlichen Problemen ○ Kraft bei menschlichem Versagen ○ hilft bei menschlicher Schwäche ▶ bietet dem Menschen Lösung seiner Probleme, gibt Kraft	○ Gott fungiert als Lückenbüßer für den Menschen ○ Gott existiert nur so lange der Mensch Probleme hat ▶ Kritik an der Religion/ am Menschen/an der menschlichen Gottesvorstellung nicht an Gott
Teil III (Titel)	Teil I (Auswertung PA)		Teil II (Vertiefung)

Ausgehend von den Ergebnissen soll nun im Unterrichtsgespräch die Kritik des Autors formuliert werden. Im Anschluss können Rückschlüsse auf die Person des Autors gezogen werden: Es muss sich nicht zwangsläufig um einen nicht Gottgläubigen handeln! Nach der Nennung des Autors können eventuell Schülerinnen und Schüler selbst aus ihrem Vorwissen biografische Angaben machen, ansonsten wird darüber kurz informiert.

Der Abschluss der Texterarbeitungs- und Interpretationsphase wird mit der Ergänzung der Überschrift an der Tafel und der damit verbundenen Einführung des Terminus *Theologische Religionskritik* visualisiert.

Reflexion der Gedanken Bonhoeffers

Im Folgenden sind die Schülerinnen und Schüler zum eigenen Umgang mit Bonhoeffers Gedanken aufgefordert. Zur Konkretisierung können die Reflexionen über die Schell-Studie herangezogen werden. Die Rückbindung bietet sich hier besonders an: Vielfach entsprechen die landläufigen Gottesvorstellungen der Lückenbüßer-Religion, die Bonhoeffer kritisiert – und die geäußerten Anfragen an das Reden von Gott hängen gerade damit zusammen. Die Schülerinnen und Schüler sind mit M3 (Einzelarbeit) herausgefordert, aus der Sicht Bonhoeffers auf die Statements zu reagieren.

Weiterdenken: Welches Reden von Gott ...?

Weiter soll der Fragestellung nachgegangen werden, welche positive Gottesvorstellung Bonhoeffer nach der Ablehnung des „Lückenbüßer"-Gottes entwickelt. Andererseits ist auch eine historische Einbettung wichtig. Diese beiden Aspekte sollen miteinander verbunden werden, indem Bonhoeffers Gedanke vom Gott in der Mitte an seiner Biografie lebendig wird.

In diesem Kontext stellt sich auch die Frage, was einen Menschen veranlasst, unter den gegebenen Bedingungen solche Gedanken zu entwickeln: Das Reden von „Gott in der Mitte" bietet eine Gottesvorstellung an, die sich gerade in der Anfechtung bewährt (M4).

Vom KlKat her

„Wir sollen Gott fürchten und lieben": *Die Lehrkraft informiert* über den Aufbau des KlKat und erzählt davon, dass Luther zu allen Hauptstücken des Glaubens eine Erklärung gegeben hat. Diese Erklärung beginnt jedes Mal mit „wir sollen Gott fürchten und lieben". Luther gibt damit allem Nachdenken über das Verhältnis von Gott und Mensch ein besonderes Vorzeichen. Über dieses Vorzeichen ist nachzudenken.

Die Schülerinnen und Schüler suchen eine Erklärung für „fürchten" und „lieben": Warum steht da beides? Ist Gott einer, der zu fürchten ist, und zugleich einer, der zu lieben ist?

Die Lehrkraft hilft (wenn es sein muss) folgendermaßen: Beide Aspekte gehören zusammen und lassen sich nicht einfach aus unserer Vorstellung von Liebe bzw. Furcht ableiten:

- Fürchten heißt bei Luther nicht: Angst haben.
- Lieben meint hier nicht einfach nur ein gutes Gefühl.

Für Luther heißt „fürchten" so viel wie: Gott in seinen Geboten und guten Weisungen für das Leben Recht geben; „lieben" heißt: Gott vertrauen lernen.

Luther greift also die Beziehung zwischen Gott und Mensch auf und will sie genauer fassen: So zeigt sich Gott den Menschen: Indem der Mensch sich in seiner Bedürftigkeit vor Gott erkennt auch dann, wenn es ihm gut geht. Und indem der Mensch diesem Gott vertrauen lernt.

Die Schülerinnen und Schüler erinnern sich an den bisherigen Lernweg: Wie hat Bonhoeffer von Gott gesprochen? Gott ist nicht nur an den Grenzen des Lebens da, sondern in der Mitte des Lebens.

Luthers und Bonhoeffers gemeinsame Intention: Beide sprechen zwar in je eigener Weise von Gott, verweisen aber darauf, dass es um den Gott geht, der *des Menschen Gott* sein will.

Zusammenfassung: Menschen lernen Gott kennen, indem sie lernen, Gott mitten in ihrem Leben gelten zu lassen.

Die Schülerinnen und Schüler fragen nach der Bedeutsamkeit Gottes im eigenen Leben und notieren das still für sich: Hat Gott in meinem Leben schon einmal Bedeutung gewonnen?

Gott? Oh Gott! M1

Frage: Hast du Probleme mit Gott?

Mit Gott? Wer ist das? *Maya B.*

Also, mit meinem Gott bin ich eigentlich ganz zufrieden. *Stefan P.*

Der ist im Himmel und lässt mich in Ruhe. Wir haben nicht viel gemeinsam. *Ina M.*

Gott. Oh Gott. Ich mag gar nicht dran denken. Ich glaube, er findet mich grässlich. *Tom K.*

Gott hat zugelassen, dass mein Vater uns verlassen hat. Das verzeih ich dem nie! *Lina A.*

Gott ist die Natur. Alles, was grünt und blüht. Woher sollte sonst all die Lebenskraft kommen? Also: von mir jedenfalls nicht. *Tatjana S.*

Wenn es mir richtig dreckig geht und ich spreche dann ein Gebet – also manchmal ist das wie eine Erlösung. *Frederik M.*

Ich bete nicht mehr. Ich finde keinen Grund. *Matthias K.*

Ich glaube an Gott. Was soll die Frage? *Sigrid E.*

Ich weiß nicht, wo Gott ist. Ich weiß nicht, wie Gott ist. Aber ich wäre froh, wenn Gott da wäre. *Uli N.*

Es passieren so viele Gräuel und Unglücke – wenn es Gott gäbe, würde er das doch abstellen. *Kai S.*

Früher sagten die Leute: Wenn's regnet, hat Gott das Himmeltor aufgetan. Heute wissen wir es besser: Es sind bloß Wolken, die platzen. *Karsten T.*

Himmel gibt's nicht. Schöpfung gab's nicht. Und nach dem Ende kommt das Nichts. *Kristin K.*

Lies die einzelnen Antworten auf die Frage, die Jugendlichen am Rande des Kirchentags gestellt wurde.
Suche drei aus und überlege, wie die Jugendlichen von Gott sprechen.

M2 Kirche im Dorf

(1) Die Religiösen sprechen von Gott, wenn menschliche Erkenntnis (manchmal schon aus Denkfaulheit) zu Ende ist oder wenn menschliche Kräfte versagen – es ist eigentlich immer der deus ex machina, den sie aufmarschieren lassen, entweder zur Scheinlösung unlösbarer Probleme oder als Kraft bei menschlichem Versagen, immer also in Ausnutzung menschlicher Schwäche bzw. an den menschlichen Grenzen;

(2) das hält zwangsläufig immer nur solange vor, bis die Menschen aus eigener Kraft die Grenzen etwas weiter hinausschieben und Gott als deus ex machina überflüssig wird;
das Reden von den menschlichen Grenzen ist mir überhaupt fragwürdig geworden (ist der Tod heute, da die Menschen ihn kaum noch fürchten und die Sünde, die die Menschen kaum noch begreifen, noch eine Grenze?), es scheint mir immer, wir wollten dadurch nur ängstlich Raum aussparen für Gott,

(3) – ich möchte von Gott nicht an den Grenzen, sondern in der Mitte, nicht in den Schwächen, sondern in der Kraft, nicht also bei Tod und Schuld, sondern im Leben und im Guten des Menschen sprechen.

(4) An den Grenzen scheint es mir besser, zu schweigen und das Unlösbare ungelöst zu lassen. Der Auferstehungsglaube ist nicht die „Lösung" des Todesproblems. Das „Jenseits" Gottes ist nicht das Jenseits unseres Erkenntnisvermögens! Die erkenntnistheoretische Transzendenz hat mit der Transzendenz Gottes nichts zu tun.

(5) Gott ist mitten in unserm Leben jenseits. Die Kirche steht nicht dort, wo das menschliche Vermögen versagt, an den Grenzen, sondern mitten im Dorf.

Dietrich Bonhoeffer, Widerstand und Ergebung, hg. von Eberhard Bethge

Fragen zu den einzelnen Abschnitten:

(1) Wer sind „die Religiösen"? Wie „benutzen" sie Gott? Was ist daran „verkehrt"?

(2) Menschliche Grenzen – welche sind das? Wie lassen sie sich hinausschieben?
Wieso könnten Tod und Sünde keine Grenzen mehr sein?

(3) Von Gott im Leben sprechen – wie stellst du dir das vor? (schreib einen kurzen Beispieltext.)

(4) Schreib einen der Sätze ab – und reflektiere ihn.

(5) Was heißt das Sprichwort: „die Kirche im Dorf lassen"? Inwiefern passt das hier?

Bonhoeffer würde sagen ... M3

Eines der Statements von **M1** kann hier aufgeklebt werden.

Stell dir vor, dass Dietrich Bonhoeffer diesem Jugendlichen begegnet – und mit ihm über Gott diskutiert. Schreib einen Dialog der beiden. Unten findest du Stichworte, die Bonhoeffer benutzen könnte.

Eigene Kraft an Grenzen in der Mitte im Jenseits im Diesseits
kein Lückenbüßer deus ex machina Auferstehung im Leben
im Guten Versagen fraglich Kirche Dorf sondern

III. In die Lebenswelt der Schülerinnen und Schüler – Vom Kleinen Katechismus her

Morgen und Abend – Abend und Morgen. Dazwischen der KlKat

Nach vielen und langen didaktischen Wegen ist die Arbeit *vom KlKat her* an ein vorläufiges Ende gekommen. Im Hin- und Hergehen zwischen KlKat und dem Religionsunterricht haben sich Wege gezeigt, die mit den Schülerinnen und Schülern gegangen werden können. Wie ist das vorläufig abzuschließen?

Ich möchte die vielen Lernwege und Überlegungen einzeichnen in den Rhythmus des Lebens, Abend und Morgen – Morgen und Abend. Dazwischen liegen die vielen Erfahrungen gemeinsam mit den Kindern und Jugendlichen, die weiter gehen oder zum Abschluss gekommen sind. In ihren Alltag zeichnet die Arbeit im Religionsunterricht Wege des Lebens, des Nachdenkens ein – zwischen Morgen und Abend – Abend und Morgen.

Damit möchte ich diesen Band abschließen, dass deutlich wird, in welchem Rahmen der Religionsunterricht steht: Im Morgensegen öffnet sich das eigene Leben zum Tag hin, indem es sich für den je besonderen Tag Gott anvertraut; der Abendsegen ist es dann, der das Tagwerk vollendet. Für die Nacht wird das eigene Leben Gott überantwortet .

In diese Struktur hinein – mitten im Alltag der Welt – eröffnet der Religionsunterricht die Auseinandersetzung mit christlicher Religion, legt er die Schwellen niedrig an, damit die Schülerinnen und Schüler eintreten können und erprobend an christlicher Religion teilnehmen und teilgewinnen können. Diese Unterrichtswege werden abgeschlossen, indem sie eingezeichnet werden in den Segen Gottes, der alle Wege des Unterrichts begleitet.

Abend und Morgen – Morgen und Abend durchdringen sich, wenn am Abend das Versprechen eines neuen Morgens spürbar wird, wenn am Morgen der Schutz der vergangenen Nacht leibhaft zur Erfahrung kommt und der neue Tag sich öffnet.

Das Bild „morgen“ (W. Schoberth, 1991) zeigt: Die Nacht entflieht, sie schiebt sich beiseite und gibt dem Tag Raum.

tag
zum hören
zum leben
zum schaffen
zum geniessen
zum spüren
zum ahnen
zum aufsuchen
zum spielen
zum begegnen
zum freuen
zum hoffen
zum alleinsein
zum gemeinsamsein
zum diskurs

Morgensegen

Wie ein Hausvater sein Gesinde soll lehren, morgens und abends sich segnen.

Des Morgens, so Du aus dem Bette fährest,
sollt Du Dich segenen mit dem heiligen Kreuz und sagen:
Das walt Gott Vater, Sohn, heiliger Geist, Amen.
Darauf knieend oder stehend den Glauben und Vaterunser;
willt du, so magst Du dies Gebetlin dazu sprechen:

Ich danke dir, mein himmlischer Vater,
durch Jesum Christ, Deinen lieben Sohn,
daß du mich diese Nacht fur allem Schaden und Fahr behut hast,
und bitte dich, Du wollest mich diesen Tag
auch behuten fur Sunden und allem Ubel,
daß dir alle mein Tun und Leben gefalle;
denn ich befehle mich, mein Leib und Seele und alles in Deine Hände.
Dein heiliger Engel sei mit mir,
daß der bose Feind keine Macht an mir finde, Amen.

Und alsdenn mit Freuden an dein Werk gegangen und etwa ein Lied gesungen, als die zehn Gepot oder was dein Andacht gibt.

Abend und Morgen – Morgen und Abend durchdringen sich, wenn am Abend das Versprechen eines neuen Morgens spürbar wird, wenn am Morgen der Schutz der vergangenen Nacht leibhaft zur Erfahrung kommt und der neue Tag sich öffnet.

Das Bild „abend“ (W. Schoberth, 1991) zeigt: der Tag geht, er verabschiedet sich und gibt der Nacht Raum.

nacht
zum stillewerden
zum loslassen
zum verabschieden
zum überlassen
zum vergessen
zum träumen
zum schlafen
zum ruhen
zum umfangenwerden
zum übereignen
zum lassen
zum ruhen

Abendsegen

Des Abends, wenn Du zu Bette gehest,
sollt du Dich segenen mit dem heiligen Kreuze und sagen:
Des walt Gott Vater, Sohn, heiliger Geist, Amen.
Darauf knieend oder stehend den Glauben und Vaterunser;
willt Du, so magst Du dies Gebetlin dazu sprechen:

Ich danke Dir, mein himmlischer Vater,
durch Jesum Christ, Deinen lieben Sohn,
daß Du mich diesen Tag gnädiglich behut hast,
und bitte dich, Du wollest mir vergeben alle meine Sunde,
wo ich Unrecht getan habe,
und mich diese Nacht gnädiglich behuten;
denn ich befehel mich, mein Leib und Seele und alles in Deine Hände.
Dein heiliger Engel sei mit mir,
daß der böse Feind keine Macht an mir finde, Amen.

Und alsdenn flugs und fröhlich geschlafen.

Ausblick: Vom Kleinen Katechismus her

Vom KlKat ausgehend lassen sich vielfältige Bezüge aufsuchen, die den Unterricht in seiner Verwobenheit mit dem KlKat reflektieren lassen. Das Anliegen des Buches ist es nicht, den KlKat vollkommen zu erfassen; vielmehr ist es die Absicht, ausgehend von zentralen Aussagen des KlKat die Themen des Unterrichts zu bedenken und angeregt durch die theologischen Bezüge im KlKat Unterrichtswege aufzuzeigen, die partizipieren an der Tradition, die im KlKat vorgelegt ist.

Dabei soll auch (wie entsprechend vorgeschlagen) der KlKat in Textauszügen aufgegriffen werden, was aber nicht immer notwendig ist. Im Aufspüren der Tradition, die sich im KlKat in eindrucksvoller Weise zu einem Summarium des christlichen Glaubens verdichtet hat, wird eine Auseinandersetzung mit den theologischen Themen eröffnet, die grundlegend sind für das Lernen christlicher Religion im Religionsunterricht der Sek I.

Der KlKat eröffnet den Zugang zur Lehre der Kirche/Theologie; zugleich ermöglicht er, die je eigene Wirklichkeit der Kinder und Jugendlichen im Gespräch und in der Auseinandersetzung mit dem KlKat zu beleuchten.

Damit die Schülerinnen und Schüler dabei teilhaben und sich aktiv in dieses Ausspüren der Tradition hineinbegeben können, braucht es freilich viele Umwege. Diese Tradition soll sich ja im Kontext Religionsunterricht erschließen. Einige Möglichkeiten dazu sind in den Lernwegen ausgeführt worden: die einzelnen Schritte der Entfaltung sollen dazu anregen, damit weiterzugehen und sich weiter anregen zu lassen.

Es ist hoffentlich deutlich geworden – und das ist das Anliegen dieses Buches –, dass hier ein Reichtum an Tradition vorliegt, der *wiederzugewinnen* ist für das Lernen christlicher Religion im Religionsunterricht und der zugleich die Wirklichkeit der Schülerinnen und Schüler so erreicht, dass sie testend und erprobend daran partizipieren lernen. Zugleich können sie in einen kritischen Diskurs mit dem KlKat anhand der entfalteten Themen einsteigen.

In der Verwiesenheit auf den KlKat tun sich Spannungen auf zwischen der Lebenswelt und den religiösen Fragen und Erfahrungen der Kinder und Jugendlichen und den Texten aus dem KlKat. Diese Spannung wird nicht umgangen, sondern produktiv für den Religionsunterricht aufgenommen. Damit wird der Religionsunterricht, der sich vom KlKat die Themen vorgeben lässt, zu einem Unternehmen, das also nicht nur in der Lebenswelt der Schülerinnen und Schüler bleibt, sondern einen kritisch provozierenden Zugang zum

KlKat eröffnet, in der Hoffnung, dass an und mit den am KlKat gewonnenen Themen sich neue, auch fremde und ungeahnte Perspektiven auftun, die christlicher Glaube bereithält. Im Austesten dieser auch fremden, ungeahnten und auch überraschenden Perspektiven *vernetzen* sich der KlKat und die Lebenswelt der Schülerinnen und Schüler in der gegenseitigen Wahrnehmung auf Erprobung hin. Damit bleiben die Jugendlichen nicht mit ihren Erfahrungen allein, sondern sie werden in der Provokation durch die Themen des KlKat auf Neues aufmerksam. Dieses Neue ist für Schülerinnen und Schüler Fremdes oder Vertrautes.

Im KlKat steht diese Entdeckung des Neuen für das ein, wozu sich christlicher Glaube bekennt. Auch wenn der Religionsunterricht nicht so weit angelegt sein will und kann, dass er zum Bekenntnis führt, so eröffnet doch das „Aufspüren der Tradition christlichen Glaubens“ die Rahmenbedingung, in der das Reden von Gott, Mensch und Welt in einem systematischen Zusammenhang erscheint und um dessen Wahrnehmung und Erprobung es dem Religionsunterricht zu tun ist. Der KlKat verweist so den Religionsunterricht auf seine Sache, die immer nur *im Ausschreiten und in mühevollen und ausdauernden Lernwegen* für die Schülerinnen und Schüler wahrnehmbar werden kann. Es erschöpft sich nicht in einem Wissen *über* christlichen Glauben, wie es eine verengte Katechismustradition in Frage und Antwortstil lange versucht hat.

Insofern soll diese Aufbereitung des KlKat für den Religionsunterricht zeigen, dass christlicher Religionsunterricht *vom KlKat her* aus dem Reichtum der Tradition schöpfen kann und die Wiedergewinnung der Perspektiven des KlKat nicht zu einer Wiederholung eines spröden und heute unbrauchbaren Stoffes führt. Die Wiedergewinnung des KLKat heute führt vielmehr in eine diskursive Auseinandersetzung mit den grundlegenden Fragen und Antworten christlicher Religion, die sich in elementaren Lernwegen – auf Umwegen, Wegen der Provokation, Wegen der Infragestellung und Wegen der Zustimmung – anfänglich, fragmentarisch und in einer Spurensuche den Schülerinnen und Schülern erschließen.

Der hier vorgelegte Zugang zum KlKat führt auch die Lehrenden dazu, sich in der Beschäftigung mit dem KlKat zu üben und seinen Inhalten immer neu auf die Spur zu kommen. Indem sich der Unterrichtende immer wieder in diesem Text aufhält, immer wieder Spuren verfolgt, die sich ihm im Lesen eröffnen, übt er sich ein in eine Lektüreform, die christlichem Glauben eignet, und kann so der Themen innewerden, an denen Zugänge zu christlicher Religion eröffnet werden. Die Lehrenden werden dabei selbst auf eine Suchbewegung im KlKat mitgenommen und herausgefordert, Luthers Anliegen gelten zu lassen, im Lernen zu bleiben – und hoffentlich auch gerne.